中西兒歌的比較

及其在語文教學上的運用

陳詩昀——著

序

兒歌是孩子們的詩，也是陪伴孩子長大的文學作品，不論是在哪一個國家都是如此。曲調是一首歌的骨幹，而歌詞則是一首歌的靈魂及血肉，在本研究將以形式風格、審美類型、文化背景來比較中西兒歌。兒歌歌詞除了抒情寫實，在語文教學上也能利用來讓學生熟悉國語、鄉土語、英語；而在語言功能外，我們還可以深入探討歌詞的文化象徵，讓我們可以了解自身文化、西方文化，並從中比較中西兒歌的差異，也藉此為欣賞不同的文化之美。而從歌詞中，我們也可以從韻律和輕重音探討它們的節奏以及和樂特徵，進而掌握歌詞中的審美類型，並將其運用在語文教學中的閱讀、說話、作文教學上。

兩年就這樣過了，經過小論文發表，學位論文也在每天忙忙碌碌，家裡、小學、研究所這三個地點來來回回中完成了，自己都覺得不可思議！這過程中，當然一定要先謝謝周慶華老師的指導，從小論文要擴展到學位論文，老師不僅給予論文方向，在我遇到瓶頸時候，他還要在這麼滿檔的行程中擠出時間跟我討論，教我如何解決，在提論文計畫之前，為了校稿，從早上九點開始一直到凌晨一點才完工，只求希望我能將最好的呈現；七月三日，老師剛從臺北回來，就要幫我、瑞齡、振源三個人作最後的校改，那天晚上，大家又忙到凌晨兩點，心中不禁對老師感到敬佩，您怎麼會有這般的體力和意志力呢？老師真是鐵人啊！真的太謝謝周慶華老師了！還要謝謝最後口考的兩位委員，歐崇敬教授以及王萬象教授，謝謝您們花時間看完我的論文，還給予這麼多寶貴的意見，讓我的論文可以再更上一層樓。

再來要謝謝新生國小，因為進修的關係，教務處、教學組還給予排課的方便，學校老師也會關心我的論文進度，讓我也可以提醒自己不可以將進度拖延；還要感謝研究所的同學們瑞齡、欣怡、韻雅，謝謝你們與我分享生活瑣事，聽我發牢騷；也要謝謝振源，你總能成為我們宣洩怨氣的對象；謝謝所辦提供資源，謝謝影印機，你真的辛苦了！

陳詩昀

目次

表目次

圖目次

第一章　緒論

第一節　研究動機

從會聽歌開始，就特別去注意那首歌的歌詞。去年，就讀語教所，要準備發表小論文，還在思考研究什麼主題，突然想到自己很感興趣的歌詞，歌詞也與語文教育非常有關係，就像現在很多升高中的基測、升大學的學測中的國文試題，也都會採用幾首有名流行歌的歌詞，例如周杰倫的〈七里香〉，由方文山做的詞，就放進了國文試題中考驗考生們歌詞中的修辭技巧。有了歌詞這個念頭，便去請教老師，小論文的研究主題為歌詞是否可行，老師馬上就說可以，也提供我幾個思考方向，是流行歌的歌詞？還是民歌？抑或是兒歌？在老師的建議下，便選擇了研究兒歌的歌詞，從兒歌的歌詞中去探討背後的情意表徵及文化意涵，當時的題目就定為〈兒歌歌詞的文化象徵〉。小論文中我選了幾首中西的兒歌，討論它們的背景，以及它們是在何種文化下的產物，也做了一些基本的比較。發表完小論文時，因為教授的建議與肯定，更使我覺得這是個值得研究的題目，還有擴大研究的空間。

歌曲有很多種，流行歌、民歌、愛國歌曲，還有兒歌，每種歌曲都有它不同的影響力，有人在流行歌曲中找到撫慰；有人在民歌中找到青春已逝的時光；有人則因為愛國歌曲而振奮不已。那麼兒童？最早接觸的歌曲類型必定是兒歌，兒歌環繞在我們的生活中，從兒歌中我們可以學習到基礎的音樂，語文的趣味；也可以認識到不同民族的生活。例如我們小時候唱過的新疆民歌〈掀起你的蓋頭來〉:「掀起了你的蓋頭來，讓我來看看你的眉，你的眉毛細又長呀，好像那樹上的彎月亮，你的眉毛細又長呀，好像那樹上的彎月亮」。（魔鏡歌詞網，2010）從蓋頭兩個字，可以知道他們的傳統服裝和我們的不太相同，他們的頭上有戴各式各樣的花帽，從這一小段文字也可以學習到形容女孩子五官的文字，同時也具文學價值。

兒歌，是我們從小到大最早接觸的音樂性作品，也是文學性作品，幾首琅琅上口的兒歌，例如〈三輪車〉:「三輪車，跑的快，上面坐個老太太，要五毛，給一塊，你說奇怪不奇怪？」（陳正治，1985：82 引）還有〈潑水歌〉:「昨天我打從你門前過，你正提著水桶往外潑，潑在我的皮鞋上，路上的行人笑啊笑呵呵，你什麼話也沒有對我說，你只是瞇著眼睛望著我，嚕啦啦嚕啦啦嚕啦嚕啦哩，嚕啦嚕啦嚕啦嚕啦哩，嚕啦嚕啦哩～」（魔鏡歌詞網，2010），就連現在也很難忘這些歌詞。除了平常的哼哼唱唱外，就文學的角度而言，這些兒歌無形之中對我們也產生了影響。小學時我們會學五言絕句、七言絕句，這些詩的格律中，很重要的概念就是押韻，我們早在小時候唱兒歌時，就已經唱過了。就拿前面提過的〈三輪車〉，押ㄞ韻，如快、塊、怪；〈潑水歌〉，押ㄛ韻，如過、潑、說、我。如果老師在詩句教學上，與兒歌作一個連結，或是拿小朋友熟悉的兒歌來舉例，相信學生在舊經驗的基礎上學習新事物，會更容易內化，形成長期記憶，久久不忘。兒歌在兒童學習語言的過程中是非常重要的，透過兒歌的朗讀及吟唱，可以讓學生學習到語氣的不同，也因為搭配著音樂，更能使學童在學習說話時讓語句更流暢的表達，可以增進人與人之間的溝通。在《中國傳統兒歌選》中，作者蔣風在致臺版讀者中寫道：

> 兒歌是孩子們喜聞樂見的一種可吟可誦的簡短詩歌，也是每個人童年時代最早接觸的文學作品。孩子們從牙牙學語的時候起，便偎在媽媽的懷裡跟著媽媽吟唱兒歌了。其實，當孩子呱呱墜地之後不久，躺在搖籃裡時，年輕的媽媽用悠揚徐緩的聲調，滿蘊著深情，輕輕地哼唱的搖籃曲，就已聆聽這種最具樸素美的兒歌了。兒歌伴隨著媽媽的奶汁，一滴滴流進孩子的心田，在琅琅上口的兒歌聲中長大。兒歌發展著孩子的思維，培養著孩子的美感，擴大了孩子的視野，在孩子健康成長的過程中，有著不可估量的作用。」（蔣風，1992：13）

就文化的角度而言，相關的產物十分繁多，舉凡一個國家的風俗民情、飲食習慣、民族性等，都可以代表該國的文化。而兒歌是特別貼近我們平時生活或貼近兒童生活的，從兒歌的歌詞來探究背後的審美類型、文化象徵，是很有價值的。依我在全國博碩士論文資訊網，以兒歌為關鍵字搜尋，限定的條件為論文名稱和關鍵詞的部分，搜尋到的資料數有 40 筆，相關的研究有《海峽兩岸當代創作兒歌研究》、《臺灣當代兒歌研究》、《臺灣囝仔歌創作研究》、《兒歌圖畫結合部首歸類識字教學對識字困難學童學習成效個案之研究》、《馮輝岳的客語兒歌研究及其在教學上的運用》等等。目前在博碩士論文資訊網搜尋到的兒歌相關的論文大致可以分成四大類：第一類為論者的兒歌研究，如《潘木人兒歌作品研究》、《黃貴潮的兒歌研究》、《馮輝岳的兒歌修辭研究》等；第二類則為附屬在兒童文學的研究中，如《馬景賢兒童文學創作研究》、《陳正治兒童文學創作研究》等；第三類則以兒歌為主，探討如何在教學上運用，如《故事性兒歌及其在國小語文教學上的應用》、《多媒體兒歌對國小低年級智障伴隨語障學生詞彙教學成效之研究》、《動物兒歌融入低年級生活課程之研究》等；第四類為單純研究兒歌，如《臺灣當代兒歌研究》、《臺灣囝仔歌研究》、《臺灣地區福佬與客家童謠比較研究》等。從以上相關研究看來，幾乎沒有將中西兒歌拿來比較的學術論文，因此更確定中西兒歌的比較是非常值得我作為研究的題目。

第二節　研究目的與研究方法

一、研究目的

在課堂上反覆帶領學生練習英文單字和句型，讓他們更熟悉的方式就是吟唱兒歌，他們配合著輕快的音樂，反覆出現的句子。自然而然達到這課的教學目標。可是除了課本上的教材內容，還需要多點延伸，國小英語能力指標中，第七項文化與習俗的部分：C-0-5 能從多元文化觀點，了解並尊重不同的文化及習俗。在教學上運用到兒歌的機會很多。不過，在課堂上教學生吟唱兒歌是讓學生熟練，對於教學者的我，希望能深入探討這看似簡單，琅琅上口的兒歌，其實深藏很豐富的學問。本研究希望透過中西兒歌的形式風格比較，分析二者的意象運用、節奏安排，並且比較中西兒歌的和樂特徵，來以便自己和其他人可以了解不同文化下的兒歌音樂的特性，雖然不同但又為何容易讓人琅琅上口。再者，透過美學方法，賞析兒歌的歌詞，欣賞歌詞中的審美特徵，是優美？還是崇高？中西兒歌各偏向那一種類型較多？希望藉著這個部分，在教學上可以帶領學生欣賞歌詞之美，提升個人審美的層次。在本研究的第六章，是討論中西兒歌背景的差異。我們知道，每個國家都有不同的文化，每個文化下的產物也不相同，不過就文化類型來說，世界可以分成三大類型系統：氣化觀型文化、創造觀型文化、緣起觀型文化。（周慶華，2004a）每個文化底下的作品都可以找出它共同的特點。當然，文化是個抽象的名詞，我們可以透過文學作品來對於龐大的文化窺伺一二；也期盼透過中西兒歌的比較，自己對於中西的文化可以有更深入的了解，並且將其成果帶入以後的教學中。

二、研究方法

為了達到上述目的，本研究需要用到一些相應的方法，包括現象主義方法、比較文學方法、美學方法、文化學方法和社會學方法等。

(一) 現象主義方法：一般所見的現象觀約有兩種情況：一種是觀念論的現象觀，它指的是依感覺呈現的形式（而不依它的本質）而為我們認知的對象；而這跟只能間接認知的本體相對立〔布魯格（W.H.Burgger），1989：63〕。一種是現象主義的現象觀，它指的是「凡是一切出現者，一切顯示於意識者，無論他的方式如何」（趙雅博，1990：311）。後面這種凡是顯示於意識中或為意識所及的對象都稱為現象的說法，特別常見。如「文學現象，意指在寫作的現實環境中展現的觀念辯證和文學趨勢以及跟作品互相滲透的歷史語境或文化地形」（林燿德主編，1993：導論 30～31）、「（文學現象）包括一切關於文學的人、事和作品」及其「彼此之間互動的複雜關係」（李瑞騰，1991：43）等等所提及的現象，都指這種狀況。而現象學的方法的現象觀則不然，它是特指「一個實在的存有物（如認識者自身的內在行為）或本質地把握到的對象」（布魯格，1989：63）。雖然有人認為現象學方法中的「現象學有兩層涵義：顯現和顯現物，又稱為意識活動和意識對象。現象學方法的口號是『回溯到事物本身中』。意思是要人們透過直接的認識去把握到事物的本質。因而現象學方法不是一套內容固定的學說，而是一種透過『直接的認識』描述現象的研究方法」（王海山主編，1998：10）。簡單的說，現象學、觀念論、現象主義三者看似相似，卻是有些許的不同。本研究的第二章文獻探討，將利用現象主義的方法，就如以上敘述，現象主義方法運用在文本分析上，對於一切關於文學的人、事和作品及其彼此複雜的互動關係產生作用，對其起意識作用。我將收集有關兒歌相關的論述，加以整理、分析和批判，希望將其他人沒有研究到的部分，自己可以作個補充。

(二) 比較文學方法：是評估語文現象或以語文形式存在的事物所具有的影響／對比的情況（價值）的方法。（周慶華，2004a：143）中西兒歌有取材、意象運用、旋律節奏安排及和樂特徵等形式風格的差異，必須用比較文學方法來進行對比，才能知道彼此之間質距的因緣。而這將在第四章加以運用。此外第三章先處理兒歌的界定，也可以被包涵，所以一併列在這種方法下來看待。

(三) 美學方法：是評估語文現象或以語文形式存在的事物所具有的美感成分（價值）的方法。這種方法的形成，大體上是緣於相對認知取向和規範取向兩種方法論類型來說的審美取向這一種方法論類型所有的欲求。所謂審美取向的方法論類型，是說相關的語文研究會從某些特定的形式結構來進行論斷。（周慶華，2004a：133）本研究的第五章將以美學方法來處理中西兒歌的審美特徵差異的問題，例如兒歌歌詞中的審美特徵是屬於前現代的模象美還是現代的造象美或是後現代的語言遊戲美？再細分的話，前現代模象美又分成優美、崇高、悲壯，現代造象美又分成滑稽、怪誕，後現代語言遊戲美又分成諧擬和拼貼。（同上，138）在賞析中西兒歌歌詞時，也會依此審美類型來分析和歸類。例如臺語有一首傳唱度很高的搖籃曲〈搖子歌〉，歌詞如下：

〈搖子歌〉

嬰仔嬰嬰睏，一暝大一寸；嬰仔嬰嬰惜，一暝大一尺，
搖子日落山，抱子金金看，你是我心肝，驚你受風寒。
嬰仔嬰嬰睏，一暝大一寸；嬰仔嬰嬰惜，一暝大一尺，
一點親骨肉，愈看愈心適，暝時搖伊睏，天光抱來惜。
嬰仔嬰嬰睏，一暝大一寸；嬰仔嬰嬰惜，一暝大一尺，
同是一樣子，那有兩心情，查甫也著疼，查某也著晟。
嬰仔嬰嬰睏，一暝大一寸；嬰仔嬰嬰惜，一暝大一尺，
細漢土腳爬，大漢欲讀冊，為子款學費，責任是咱的。
嬰仔嬰嬰睏，一暝大一寸；嬰仔嬰嬰惜，一暝大一尺，
畢業做大事，拖磨無外久，查甫娶新婦，查某嫁丈夫。
嬰仔嬰嬰睏，一暝大一寸；嬰仔嬰嬰惜，一暝大一尺，
痛子像黃金，晟子消責任，養到恁嫁娶，我才會放心。

（陳正治，1985：26引）

這首歌是戰後（第二次世界大戰）創作的歌曲，那時臺灣人每天面對躲空襲的恐懼，也目睹許多生離死別的悲劇。呂泉生作這首歌時，小孩也剛出世，對於生死感觸甚多，所以寫下

這首歌。歌詞包含了從嬰兒、成年、婚嫁的三個階段，父母對子女的愛心，在這首歌中表露無遺。這首歌的歌詞的內容應屬於審美類型中的前現代的優美，因為這首歌的歌詞，每句五個字，八個短句為一組，形式完整，內容是敘述父母對於孩子成長中不同階段的期望，情感層層推進，非常和諧和圓滿。

(四) 文化學方法：是評估語文現象或以語文形式存在的事物的文化特徵（價值）的方法。（周慶華，2004a：120）古今中外對於文化的定義和解釋很多，十八世紀七〇年代，泰勒（E.B.Tylor）重新為文化下定義，說文化是一種複雜叢結的群體；這種複雜叢結的群體，包括知識、信仰、藝術、法律、道德、風俗以及其他人所獲得的才能和習慣。（殷海光，1979：31）而在沈清松的《解除世界魔咒——科技對文化的衝擊與展望》中則整理了一個外來且經他增補的文化定義：文化是一個歷史性的生活團體（也就是它的成員在時間中共同成長發展的團體）表現它的創造力的歷程和結果的整體，當中包含了終極信仰、觀念系統、規範系統、表現系統和行動系統等。這個定義包含幾個要素：1.文化是由一個歷史性的生活團體所產生；2.文化是一個歷史性的生活團體表現它的創造力的歷程和結果；3.一個歷史性的生活團體的創造力必須經由終極信仰、觀念系統、規範系統、表現系統和行動系統等五部分來表現，並在這五部分中經歷所謂潛能和實現、傳承和創新的歷程。文化在此地被看成一個大系統，而底下再分五個次系統。這五個次系統的內涵分別如下：終極信仰是指一個歷史性的生活團體成員，由於對人生和世界的究竟意義的終極關懷，而將自己生命所投向的最後根基；觀念系統是指一個歷史性的生活團體成員，認識自己和世界的方式，並由此而產生一套認知體系和一套延續並發展他的認知體系的方法，如神話、傳說等。規範系統是指一個歷史性的生活團體成員，依據他的終極信仰和自己對自身及對世界的了解（就是觀念系統）而制定的一套行為規範，並依據這些規範而產生一套行為模式，如倫理、道德等等。表現系統是指用一種感性的方式來表現該團體的終極信仰、觀念系統和規範系統等，因而產生了各種文學和藝術作品；行動系統是指一個歷史性的生活團體的成員，對於自然和人群所採取的開發和管理的全套辦法，如自然技術和管理技術。（沈清松，1986：24～29）這特別有方便統攝材料的作用而可以沿用；並且該五個次系統可以整編為下列關係圖：

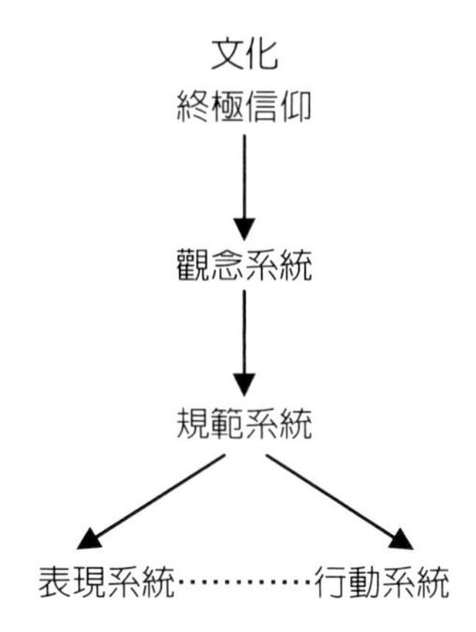

圖 1-2-1　文化五個次系統圖（周慶華，2007：184）

所謂文化學方法所預設的文化學內涵，就是上述的文化觀及其實踐為研究對象所展開的學問。此研究的第六章中西兒歌的文化背景差異，將以文化學方法來分析，並以文化五個次系統圖來加以說明。例子如，〈小小羊兒要回家〉這首兒歌和西方的 Mary had a little lamb，利用文化學來分析，分析圖如下：

小小羊兒要回家	Mary had a little lamb
紅紅的太陽下山啦	Mary had a little lamb Little lamb, little lamb
咿呀嘿呀嘿	Mary had a little lamb Its fleece was white as snow
成群的羊兒回家啦	And everywhere that Mary went Mary went, Mary went
咿呀嘿呀嘿	Everywhere that Mary went, the lamb was sure to go
小小羊兒跟著媽	It followed her to school one day School one day, school one day
有白有黑也有花	It followed her to school one day,That was against the rule
你們可曾吃飽啊	It made the children laugh and play Laugh and play, laugh and play
天色已暗啦	It made the children laugh and play To see a lamb at school
星星也亮啦	Why does the lamb love Mary so, Mary so, Mary so?
小小羊兒跟著媽	Why does the lamb love Mary so? The eager children cry
不要怕不要怕	Why, Mary loves the lamb, you know lamb you know, lamb you know
我把燈火點著啦	Mary loves the lamb, you know, The teacher did reply

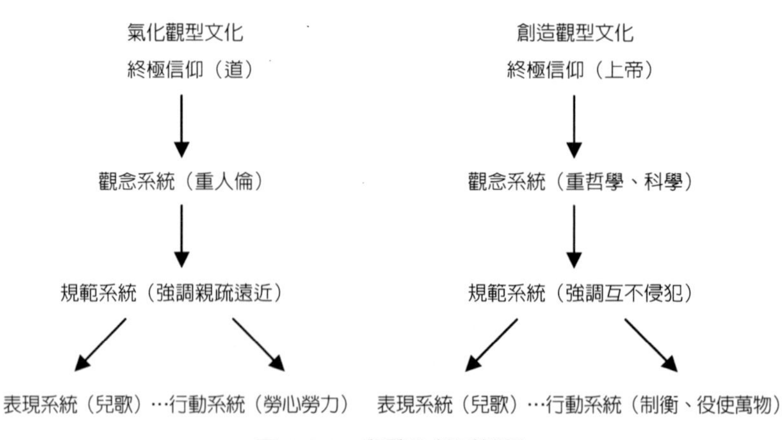

圖 1-2-2　兒歌比較系統圖

〈小小羊兒要回家〉中看得到母愛，也有傳統文化所規範的男主外、女主內，符合觀念系統裡的重人倫；Mary had a little lamb 歌詞中可以感受得到線性思維的邏輯性，而人「各有所部屬」彼此互不侵犯，且對動物有支配權而在行動系統上帶著役使動物的意味。

(五) 社會學方法：原是指研究社會現象的方法（雖然該社會現象也都要以語文形式存在或創發為語文形式才可被掌握），但在這裡是特指研究語文現象或以語文形式存在的事物所內蘊的社會背景的方法。（周慶華，2004a：87）本研究第七章要處理前幾章的研究成果在語文教學上的運用，看它怎麼運用在具體教學情境中的閱讀欣賞教學、說話表演教學和寫作創新教學等而可以發揮改善現況的效果。

各種研究方法都有它的功能和侷限，而運用不同的研究方法是希望可以藉著不同的觀點去探討文本、理出頭緒和重建脈絡，而產生出不同的火花。

第三節　研究範圍及其限制

一、研究範圍

本研究的範圍主要是第三章至第七章，第三章先界定兒歌，兒歌與童謠到底有何不同？兒歌的性質以及兒歌的功能，兒歌對於孩子甚至對於我們成人，會有著怎樣的影響力？第四章是比較中西兒歌的形式風格，中西兒歌的取材，中西兒歌的內容有哪幾種類型？從哪些方面來作為兒歌的材料？中西兒歌的意象運用，為何要討論意象？意象是什麼？意象，簡單地說就是將客觀物象透過創作者主觀的情感、體悟創造出來的藝術形象。用另一種說法，就是寓「意」於「象」，以外在物象表達內心情意的意思。意象最常在詩中被討論，那麼兒歌是兒童的詩，存在於兒歌中的意象又有哪些？在第四章裡還需討論中西兒歌的旋律節奏，還有它們是如何搭配音樂的特性。第五章將討論到中西兒歌的審美特徵，中西兒歌中的崇高、優美、基進是如何表現的？第六章為中西兒歌的文化背景差異，先討論文化類型，再以相似的兒歌來比較它們的文化背景，是怎樣的文化背景才會有這樣的兒歌產生？綜合以上的研究內容，再延伸到語文教學上，第七章則是利用研究成果來設計不同的教學活動運用在閱讀欣賞教學、說話表演教學以及寫作創新教學上。

本研究的主題是中西兒歌的比較及其在語文教學上的運用，以上已經說明比較的範圍，及希望落實在語文教學上的領域，而中西兒歌這個部分也需要界定範圍。「中」指的是海峽兩岸現代的兒歌，而「西」指的是英美語文的兒歌。為何以這兩部分作為研究的範圍？這可以從歷史和社會學的觀點來看，先從英語開始談起，在十八、十九世紀，英國海運發達，幾乎五大洲都有他們的殖民地，英皇統御下的領土約站地球的四分之一，號稱「日不落國」，遠在南半球的澳洲，亞洲有香港、印度……等，非洲有甘比亞、奈及利亞、埃及等國，在美國獨立之前，也是受英國統治。只要是殖民地，一定要學習統治國家的語言，就像當初日本統治臺灣，也得接受日本教育，取日本名字，學習日語；從語言開始同化，就等於控制了殖民地人民的思想。縱使現在已經沒有殖民地了，但是當時留下的殖民觀念仍然存在於國家內部，延至今日，英文便成了國際的語言；而且美國獨立後，國力日漸茁壯，成為民族的大熔爐，要跟美國有文化上和商業貿易的交流，勢必得用英語溝通。現在國內小學的語文課程中，從三年級開始就把英文列入正式課程，也是為了提升學童的競爭力，能與世界接軌。英國《經濟學家》最近發表的一篇文章就把英語稱作「語言帝國」。因為在世界60多億人口中，3.8億人的母語是英語，這些國家主要包括英國、美國、愛爾蘭、澳大利亞、新西蘭和南非。此外，世界上有大約2.5億人的第二語言是英語，10億人在學英語，20億人接觸英語。據預測，到2050年，世界一半人口的英語將達到熟練程度。（劉燕青，2002）因為上述的原因，英語是具有代表性及指標性的，所以我選擇以英語兒歌作為研究範圍，其他如歐洲國家的兒歌，同樣是創造觀型文化下的產物，與英語兒歌屬於文化中內部的差異，所以我僅以英語兒歌作為西方兒歌的代表。而「中」，是選擇以海峽兩岸的兒歌為主，縱使現在臺灣和中國大陸的關係處於一種尷尬的階段，就歷史上來看，我們還是血緣相連的，由於國共內戰，蔣介石率軍播遷來臺，因為政治的理念不同，所以分裂了；但即使分裂，我們還擁有共同的語言，還能互相溝通，商業貿易、學術交流、旅遊等，也是來往的非常頻繁。為何沒有選擇其他國家的兒歌？一來是因為自身能力有限；二來是就社會學的角度來看，全球有60億人口，有十三億的人使用華語，其中有十億就在中國大陸地區，我們臺灣地區也是使用華語，所以就比例來說，選擇以海峽兩岸的現代兒歌來作為研究範圍，是具有代表性的。臺灣除了國語外，還有閩南語、客語、原住民語的方言兒歌，我選擇較多人說的閩南語的兒歌為研究的對象。對於中國古代的兒歌，由於我個人目前時間心力有限，所以就留待以後再來作深入研究。

二、研究限制

中西兒歌的比較研究的焦點在於大方向的文化類型以及審美類型的比較，對於細微的部分，例如兒歌的傳播方面：兒歌是如何被人們接受，古時候可能是由人們口耳相傳，而今日可以透過很多的管道來傳播，市面上的音樂 CD，早期還是以錄音帶為主，種類琳瑯滿目，加上現在科技發達，很多人會將兒歌搭配動畫來播出，在網路上輸入關鍵字，就可以搜尋到你想要知道的兒歌，甚至還會有其他的延伸活動可供利用，因為時間和心力有限，就沒有列入研究的範圍。還有兒歌的創作方面，在教學上會利用熟悉的兒歌曲調，例如〈兩隻老虎〉、〈小星星〉，如此耳熟能詳的曲調，填入課程中需要的字句，讓學生練習，不過這都僅止於課堂上的創作，沒辦法像早期的兒歌那麼有代表性，兒歌的創作涉及學術涵養，還有心理學的層面，礙於時間和自身的能力，就沒有將這方面列入研究範圍。以上這些都可能影響中西兒歌的領受和進一步差異的察覺，現在無力兼顧卻無妨有心人加入研究的行列。

為了顯示本研究所能討論的和不便討論的，就將本研究的理論建構圖列出：

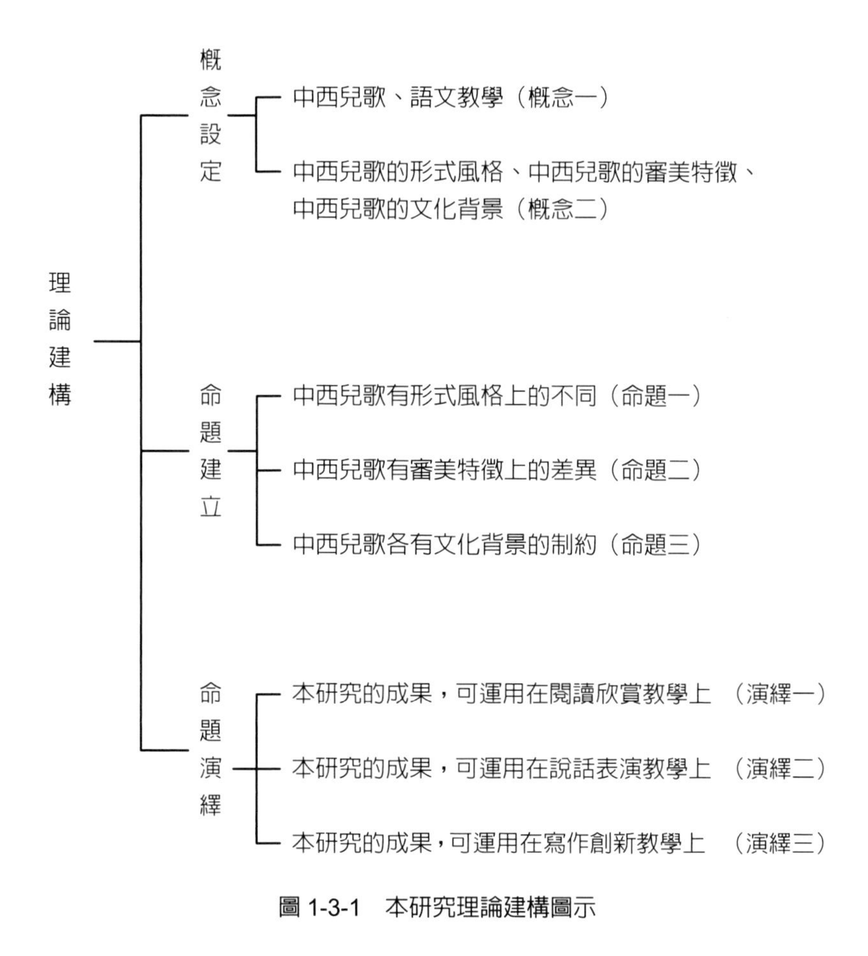

圖 1-3-1　本研究理論建構圖示

凡是不在此理論架構內的課題〔包括所涉及的概念、命題和演繹等為理論建構所需的成分（周慶華，2004a：329）〕，基本上都會成為本研究的限制所在；要別為探討，就得俟諸異日了。

第二章　文獻探討

第一節　兒歌

本節主要探討的是兒歌，並針對相關的研究成果進行整理分析。於 2009 年 10 月，在全國博碩士論文網（ETDS）以「兒歌」這個關鍵詞組搜尋，模式設定在「精確」，查詢的條件為「論文名稱」及「關鍵詞」，搜尋到的資料有 40 筆，在第一章第一節的研究動機中有提到。我將這 40 筆資料大致分成四類，整理成表格如下：

表 2-1-1　論文名稱、關鍵字為兒歌的相關研究

類型	論文名稱
論者的兒歌研究	《潘人木**兒歌**作品研究》、《黃貴潮的**兒歌**研究》、《馮輝岳的**兒歌**修辭研究》、《施福珍的臺灣囝仔歌研究》、《施福珍**兒歌**研究》、《謝武彰**兒歌**研究》、《王金選閩南語**兒歌**研究》（計 7 篇）
附屬在兒童文學中的研究	《馬景賢兒童文學創作研究》、《陳正治兒童文學創作研究》、《林良的兒童文學研究》、《周伯陽與兒童文學》、《馬景賢兒童文學創作研究》、《陳正治兒童文學創作研究》、《中國兒童文學研究》、《方素珍兒童文學創作研究》、《劉正盛及其兒童文學研究》（計 9 篇）
將兒歌運用在教學上的研究	《故事性**兒歌**及其在國小語文教學上的應用》、《多媒體**兒歌**對國小低年級智障伴隨語障學生詞彙教學成效之研究》、《動物**兒歌**融入低年級生活課程之研究》、《**兒歌**結合字卡教學方案對國小二年級學習障礙兒童認字學習成效之

	研究》、《以**兒歌**統整幼稚園課程之行動研究》、《以英文**兒歌**律動實施國小二年級英語補救教學之行動研究》、《兒歌在幼兒音樂課中的觀察與分析研究》、《動物**兒歌**融入低年級生活課程之研究》、《一位幼稚園教師實施創造性戲劇教學活動之行動研究——以臺語**兒歌**為媒介》、《電腦化**兒歌**識字教學對國小學習障礙學生識字學習成效之研究》、《教師信念與音樂智能對**兒歌**韻文教學之影響》、《客家**兒歌**及童謠應用於教學之行動研究——以宜蘭一所國小社團教學為例》、《應用**兒歌**於鄉土語言教學之研究——以閩南語為例》、《運用**兒歌**融入一年級國語科實施修辭教學之研究——以臺北縣永定國小一年級為例》（計 15 篇）
純粹兒歌研究	《國小藝術與人文教科書**兒歌**修辭之研究》、《幼稚園教材研究——探討主教材中**兒歌**的內容與形式》、《**兒歌**音樂性研究》、《**兒歌**的韻律研究》、《海峽兩岸當代創作**兒歌**研究（1945——2000）》、《臺灣當代**兒歌**研究（1945——1995）》、《臺灣地區福佬與客家童謠比較研究》、《多元智慧的**兒歌**創作教學研究》、《臺灣囝仔歌創作研究》（計 9 篇）

根據上表，可歸納出將兒歌運用在教學上的研究數量最多，其次是附屬在兒童文學中的研究和純粹兒歌研究，最少的則是論者的兒歌研究。由於一般人會將兒歌和童謠視為相同（這個問題會在本研究的第三章作個界定），於是我再以「童謠」關鍵字搜尋，設定條件同樣為「論文名稱」和「關鍵字」，顯示的資料量是 39 筆，其中不乏和上面重複的研究，如《兒歌的韻律研究》、《海峽兩岸當代創作兒歌研究》、《兒歌音樂性研究》、《臺灣地區福佬與客家**童謠**比較研究》、《臺灣閩南語**童謠**之研究》、《臺灣囝仔歌創作研究》、《周伯陽與兒童文學》等。這 39 筆的研究類型，我將其分成五大類，和兒歌有些許不同，整理表格如下：

表 2-1-2　論文名稱、關鍵字為童謠的相關研究

類型	論文名稱
鄉土語童謠研究	《臺灣客家童謠以〈月光光〉起興作品研究》、《臺灣客家與閩南童謠的比較與分析：以隱喻及認知結構為中心的探討》、《排灣族傳統童謠研究》、《客家兒歌及童謠應用於教學之行動研究——以宜蘭一所國小社團教學為例》、《當代臺灣布農族童謠的文化傳承問題研究》、《臺灣地區客家童謠之研究》、《臺灣地區福佬與客家童謠比較研究》、《臺灣閩南語童謠之研究》、《臺灣閩南語諺謠研究》、《臺灣囝仔歌創作研究》、《臺灣閩南語兒童歌謠研究》（計 11 篇）
童謠與教學結合研究	《**童謠**教學對國小三年級學童音素覺知及記憶之研究》、《幼兒客家語音韻覺識訓練課程發展、實施與評估之研究》、《兒童臺語說唱教學研究》、《二年級級任老師運用英語童謠教學之成效研究》、《英文童謠教學對國小英語補救教學效能之研究》、《歌唱遊戲融入臺灣福佬**童謠**對兒童音樂學習興趣與成就之影響》、《運用韻文增進國小學童英語音韻覺識能力與學習動機之研究》、《應用資訊科技於國小英語低成就學生**童謠**韻文教學之研究》、《以英文**童謠**教學提升國小學童尾韻覺識發展之研究》、《嬰兒音樂教案設計與實務教學分析研究》、《**童謠**教學對幼兒聲韻覺識影響之研究》、《臺灣遊戲**童謠**在國小多元文化音樂課程中之研究與應用》、《運用多元智慧理論在國小英文**童謠**教學之行動研究》、《以德國民謠探討音樂與地理之統整教學》、《多元文化態度與音樂偏好——以族群為面向之桃園縣國小學童調查研究》（計 15 篇）
地區性童謠研究	《饒平客家說唱音樂之研究》、《馬祖**童謠**研究——以二〇〇一至二〇〇三採集為例》、《桃竹苗客家**童謠**之研究》（計 3 篇）

純粹童謠（兒歌）研究	《兒歌的韻律研究》、《遊戲**童謠**之研究》、《海峽兩岸當代創作兒歌研究（1945～2000）》、《臺灣育囡仔歌歌謠研究》、《兒歌音樂性研究》、《中國古代**童謠**研究》（計 6 篇）
論者與童謠研究	《涂敏恆客家創作歌謠研究（1981-2000）》、《林沈默與臺灣囡仔詩》、《簡上仁與臺灣囝仔歌》、《周伯陽與兒童文學》（計 4 篇）

根據上表，跟兒歌相關研究相似的是與教學作連結的研究為最多，以地區性的童謠研究為最少。從這兩個表看來，鮮少看到比較性的研究（除了《臺灣地區福佬與客家童謠比較研究》僅止於系統內的比較探討），所以我的研究應該會是個新的突破。

本節將以純粹兒歌研究這一項中的《兒歌韻律研究》，還有另外在 google scholar 搜尋引擎中，同樣以「兒歌」為關鍵字中找到的〈兒歌內容分析〉和〈兒歌童謠創作研究〉，這 3 筆研究來作個探討。選擇這 3 筆的原因，是因為這 3 筆都是以兒歌為主的研究，也和我的整體研究有相關性。當中《兒歌韻律研究》和我的第四章第三、四節旋律節奏安排以及和樂特徵有相關；〈兒歌內容分析〉和我的第五章中西兒歌審美特徵類型可以做個連結；〈兒歌童謠創作研究〉是我研究裡所沒有的。不過在第七章相關成果運用在語文教學上，期盼它能有所助益。以下是我將這 3 筆文獻的資料整理成表格如下：

表 2-1-3　關鍵字為兒歌的相關研究

關鍵字：兒歌	研究者	學校	年份
《兒歌的韻律研究》	李金青	臺東大學語文教育研究所	2009
〈兒歌內容分析〉	洪慧如	《國教學報》，14	2002
〈兒歌童謠創作研究〉	許瑛珍	《國立臺北師範學院學報》，17-1	2004

李金青的《兒歌的韻律研究》是從語音學的角度來分析兒歌中的押韻、節奏，全篇分成五章，主要內容在於第三章兒歌的韻律和第四章兒歌的節奏設計：原則與方法，旨在探討兒歌的韻律，透過音樂符號來設計兒歌的唱唸節奏，並找出兒歌唱唸節奏設計的方法和原則。（李金青，2009）此研究有詳細分析兒歌的韻律形式，並且將兒童詩中的用韻帶給人的感覺製成表格，讓人一目了然；此外，還將兒歌押韻形式分類，分成兩大類：句末押韻和句首句尾同時押韻，並將這兩類細分，句末押韻的兒歌還分成一韻到底和換韻押韻，句首和句尾同時押韻分成句首句尾分押不同的韻、句首句尾押相同的韻、句首句尾交互押韻，分類得很詳細，也讓我發現原來兒歌的韻律有這麼多的變化，不同的韻給人不同的感覺。此篇只有五章，篇幅不大，著重在韻律和節奏的歸納，雖然在第五章有結論與建議一項，有對教學者的建議以及對未來研究的建議，但不是著墨非常多。雖然此篇的歸納功夫很好，可是如果能將兒歌運用在教學上的例子舉出，應該是會更完整。再者，本篇並沒有將兒歌和童謠作個界定，而且裡面用來分析的兒歌是以能入樂為主？還是兒童詩歌也算？因為我看到這二者都有包含在內，所以如果再加以界定範圍會更清楚。我的研究中會在第三章界定兒歌與童謠，也會在第七章中探討如何利用兒歌運用在語文教學，期盼能將先進的研究再作個補強。

洪慧如〈兒歌內容分析〉，剛看到這篇的名稱，本以為是著重在兒歌歌詞內容的分析或賞析，但是此篇較著重在將幼稚園裡小班和大班所使用的兒歌，將它們的分布情況作分類，光分類的表格就佔了一半以上的篇幅。研究者依照兒歌的內容分成知識歌、遊戲歌、生活歌、催眠歌、職業歌、逗趣歌、勸勉歌、抒情歌、故事歌、問答歌九大類，當然知識歌包括了自然歌、植物歌、動物歌、色彩歌等等；而且此篇指的兒歌是專門為幼稚園設計，給幼兒在園內進行唸誦的兒歌。這些分類對於我們研究兒歌的人來說，給了很好的資源，每一類的歌都有解說和範例，但是在文獻探討中的第四節兒歌賞析的方向，只分成內容方面和形式方面，內文寫道：「當看到一首兒歌，從文句裡，或清楚的標題裡，先看它是屬於哪一性質的兒歌，對作者要表達的內容，當有較明確的認識。其次，可以從兒歌言內、言外之意來欣賞它的意旨。有的兒歌意旨可以從字面上看出，有些就得再深入分析、研究、歸納，悟出隱藏起來的含意。」（洪慧如，2002）方向給得很好，可是只舉了一首日據時代的臺語兒歌為例，顯得有點單薄，如果再加強敘述其他兒歌的言外之意或者時空背景，內容應該會更豐富。在我的第五章和第六章將會賞析兒歌的審美類型以及文化背景差異，應該可以替兒歌內容賞析方面作個補充。

許瑛珍〈兒歌童謠創作研究〉，是發表在國北師的學報裡，篇幅看來應該屬於小論文，分成四個大項目：（一）兒歌童謠在幼兒教育上的意義；（二）兒歌童謠的特質；（三）創作方法；（四）結論。篇幅雖不長，可是在創作方法裡寫的很仔細，創作有分成創作的條件和方法，如果在課堂上運用的話，應該是需要和音樂課相互配合；在附錄裡，也有將一位林老師的創作兒歌的過程記錄下來，除了相關的審美類型和文化類型等尚未觸及，其餘算是滿完整的。（許瑛珍，2004）我的研究除了會參考本篇外，也希望能將兒歌的創作帶入語文教學中。

第二節　中西兒歌

上一節已經整理出在全國博碩士論文資訊網以兒歌搜尋的結果，是沒有關於中西兒歌比較的論文，在此僅以單研究中國兒歌或研究英文兒歌的論文來探討，並且作一點分析比較。以下是本節要分析的兩篇論文：

表 2-2-1　關鍵字為兒歌或英語的相關文獻

關鍵字：兒歌、英語	研究者	學校	年份
Analysis of the Songs in Elementary School English Textbooks《國小英語課本之歌曲教材分析》	劉貞儀	南臺科技大學應用英語研究所	2006
《兒歌的音樂性研究》	林淑珍	臺東大學兒童文學研究所	2003

當中劉貞儀的《國小英語課本之歌曲教材分析》，英文篇名為 *Analysis of the Songs in Elementary School English Textbooks*，除了摘要外，其餘都是用英語書寫而成。上述兩篇研究都和音樂性有關，在本研究第四章中西兒歌形式風格的比較中的第三和第四節中，要探討的是中西兒歌的旋律安排和和樂特徵。就我個人教學的經驗，在英語課本裡的歌曲，每一課結束都有一首歌曲教唱，很多都是利用耳熟能詳的兒歌曲調，填入該課的重要句型，例如在 *Hello! Darbie!* 第一冊 Lesson 3 What color is it？裡，用我們很熟悉的〈兩隻老虎〉，也就是英語兒歌裡的 Are you sleeping？的曲調，套入了本課主要句型，歌詞如下：

What color is it?

What color is it? What color is it?

It is red, it is red.

It's red, Darbie. It's red, Darbie.

Look, it's here. Look, it's here.

（陳純音主編，2009：36）

學生在習唱時，因為已經熟悉了原有的曲調，所以學習的時間可以縮短；而歌詞要配合節拍，學生在唱的時候也會注意到單字的發音及音節，可以對於學習目標更加強化。劉貞儀此篇主要調查分析國小英語教科書歌曲內容的與形式特色、出版商提供的教具，以及教師手冊中歌曲相關的教學活動。研究對象為 14 套英文教材系列，共包括 379 首英文歌曲、84 本教師手冊、14 個出版商。主要的發現為：

（一）歌曲主題方面，九年一貫課程標準提供的 40 個主題中，大多都有被採用設計在 14 套國小英語教材系列中，唯「有趣的人物」、「性別平等」、「人權」與「科技」沒有被採用。各教材在主題選用及用字難易度編排上也各有特色。

（Fourteen series adopted most of 40 themes in NYICG except the issues of "famous or interesting people," "gender equality," "human rights,"and "science & technology."）

（二）超過 99%的歌曲與該所屬單元內容相關；大部分歌詞的用字都在 1200 單字表中，由於某些教學目的，有 261 個單字 1200 單字表的字彙編寫入歌曲中。

（More than 99% of the songs had the direct relationship with the units they belonged to. The majority of songs were composed of words in 1200 wordlist attached in the NYICG.）

（三）只有 Coco & Momo Series，English Now Series，和 Woody & Me Series 有依據學習階段由易到難編排歌曲的字彙。大部分歌曲的相異比例計算（Type Token Ratio，簡稱 TTR）都介於 0.11 到 0.30 之間，有 9 個系列中的歌曲 TTR 越高，歌曲數越少。

（Only three series complied the singing materials from easy to difficult level of Type-Token Ratio ranged from 0.11 to 0.30.）

（四）379 首的歌曲形式都適合兒童學習英文，大部分的歌唱速度都比說話慢，所以歌曲的內容都有重複字彙或句型；約 99.5%的歌詞有押韻，由童聲演唱的比例最高（45%）。

（The forms of the 379 songs were suitable for children's English learning. Most of the songs had a slower rate than the normal speech; 100% of the songs had some repeated vocabulary and specific structures; 99.5% of the songs were rhymed, and the songs sung by children had the highest proportion（45%））

（五）約 99.2%的歌曲編排在該單元的最末部分，也就是大部分歌曲具有複習前面所學內容的功能。

（Ninety-nine point two of the songs were put in the end of sections in the textbooks; which meant that the most songs in the elementary textbooks served the function of review.）

（六）歌詞頁、歌曲演唱光碟及圖卡是歌曲教學中最普遍使用的教具。Darbie Teach Me Series 和 Woody & Me

Series 擁有最多種的教具（7 種）；Super Cool Series 只有 3 種教具。各系列提供的教具各有不同。

（The lyrics pages, audio CDs and picture cards were the most common and the most frequently used equipments in elementary English teaching. There was difference among 14 series in terms of teaching aids supplement.）

（七）為了因應教唱活動的時間長度，約一半的教師手冊給予彈性的歌曲教唱時間；另一半則清楚提供教學的時間。

（In terms of the length for singing activities, almost half of the teacher's manuals offered the flexibility in song teaching activities; another half of another half of the 14 series provided exact of length for singing activities to teachers.）

（八）在 379 個教學計畫中，納入了所有文獻中所提倡的聽說讀寫活動，發音練習最常見（279 首／78.3%），文化的部分最少（10 首／2.6%）。

〔In terms of the four-skills activities, the pronunciation practice activities was most used（279 首／78.3%）in 14 series, while the least was the culture learning activity（10 首／2.6%.）〕

（九）教師手冊的教學步驟說明有詳細與簡要兩種方式，所有系列在手冊上仍不盡完善，內容仍需加強以期發揮其最大功能。（劉貞儀，2006）

（The explanations and instructions in teacher's manuals of 14 series were presented in two main styles: detailed or brief.）

以上為劉貞儀的研究發現，有很多項目是整理歌曲比例為主，其實並沒有特別研究歌曲和歌詞的和樂特徵。就研究名稱來說，是可以再將課本中的兒歌和歌曲的搭配適當與否作探討。而這一點，希望在我的研究中會有更新的發現。此外，在上述第八項的研究發現中提到，關於文化的教學活動佔最少的比例。其實在每一冊中都會有一個文化節慶教學的單元，不過和歌曲所佔的比例來說，少了許多。換句話說，學生接觸歌曲的機會比接觸到文化的機會要來的少，編者倘若能在歌曲中加入些許文化的元素，學生在學習一首歌曲就不只單純的形式學習，還有更深層的內涵。在劉貞儀的研究中整理了很多相關音樂與語文習得的資料，是可以供本研究來作為參考。

相較於劉貞儀的研究，林淑珍的《兒歌的音樂性研究》顯得較完整，尤其是第二章語言、音樂和音律，談到了語言和音樂及音律這三者的關係。林淑珍在整理資料部分做的相當全面，不但從歷史的資料來看，也從音樂的角度來看，探討這三者的關係；其中還提到了「音樂，起源於語言」，所以可以知道語言有其韻律性，才可造就音樂的產生。該研究中的第三章為兒歌的音樂性要點，第一節是中國詩歌的音樂性表現，可以為我的中國兒歌的和樂特徵和旋律安排的討論奠基；第五章現代兒歌的音樂性，也帶出了現在許多論者創作的兒歌，如馮輝岳、潘人木等人的兒歌，而且每一章都會有個小結，讓讀者可以更清楚知道重點。（林淑珍，2003）雖然她的研究只有六章，但是篇幅達兩百多頁，相當有份量。

整體來說，這兩篇都提到了音樂和語言的關係，不論是中文文獻或英語文獻都有相同的看法；亦曾論及音樂在兒童的語言習得是很重要的媒介，對我的研究內容著實有很大的幫助，只是少了中西的對比，因此後來研究者開闢新的視域。

第三節　兒歌與語文教育

從本章第一節所帶出的可以看到，在全國博碩士論文資訊網跟兒歌或童謠相關的論文研究方面，將兒歌或童謠運用在教學上的研究數量最多，而實際運用在語文教學上的也不少：在表 2-1-1 可以看到 15 篇中約佔了七篇是運用在語文教學上的研究，在表 2-1-2 大約有四篇，其餘的研究都和音樂相關性較高，畢竟兒歌是結合音樂和文學而成的作品。本節將以三篇和語文教育相關的研究來作探討，以下是這三篇的資料一覽表：

表 2-3-1　兒歌與語文教育相關的研究

關鍵字：兒歌、語文教育	研究者	學校	年份
《**兒歌**結合字卡教學方案對國小二年級學習障礙兒童認字學習成效之研究》	林婉瑜	臺北市教育大學 身心障礙教育研究所	2005
《以英文**兒歌**律動實施國小二年級英語補救教學之行動研究》	藍正發	國立臺北教育大學 兒童英語教育系碩士班	2005
《故事性**兒歌**及其在國小語文教學上的應用》	林仙姝	臺南大學語教系碩士班	2006

《兒歌結合字卡教學方案對國小二年級學習障礙兒童認字學習成效之研究》，此篇認為認字是知識攝取的一項重要技能，他透過兒歌結合字卡教學的方案介入來幫助學習障礙的兒童認字。為何選擇兒歌來配合字卡認字？研究者認為，音樂是人類生活的一部分，是一種溫和不具威脅性的溝通工具，小朋友可以經由兒歌學習到新的事物，從舊經驗出發，藉著歌詞內容，認識未知的事物，而

且學習吟唱兒歌的過程中，學生最先接觸到的就是歌詞，在這過程中可以提升語文能力的發展與字彙的認識。這項研究屬於行動研究，研究者在教學上因應自己的需要而做的一項實驗。（林婉瑜，2005）我覺得這是一項好的研究，因為學習障礙的學童有些認知能力跟不上班上的其他同學，如果老師又找不到方法來帶領他，可能就會造成他學習路上的陰影，所以研究者以兒歌結合字卡的方式帶領學生認字，在引起動機方面，是可提高學生學習興趣的。而且研究者對於歌詞的看重和本研究有相似處，雖然運用的方向不同，但此研究可供第七章運用兒歌在語文教學上的參考。

《以英文兒歌律動實施國小二年級英語補救教學之行動研究》，此篇的目的是探究英文兒歌律動用於補救教學對學童學習的影響以及學習成效，也探討國小英語教師在實施英文兒歌律動補救教學時，會遇到的困難和問題，和上述的研究同屬於行動研究，都事先訂下一個目標，進行研究和教學方法，再來看看成效如何；內容談到了很多兒歌與多元智慧的關係，有語文智慧、邏輯數學、空間智慧、肢體動覺、人際智慧、內省智慧、人際觀察等，經由他的分析，可以知道兒歌是可以激發學生的多元智慧的。他也分別針對不同的智慧選了適合的兒歌，例如在語文智慧方面，他選擇的兒歌是 star light, star bright、Mary had a little lamb 這兩首，因為這兩首兒歌的詞彙豐富，重複性也高，旋律優美，有詩歌的意境；star light, star bright 可以讓小朋友對夜深人靜時注視著天空中的閃耀星星和彎彎的月亮，產生無限想像審美空間，在經過聯想更能激發出其內心深處的想像力。所以藉由兒歌教學，可將學生的語文潛力激發出來，對學童的聽說讀寫都會有助益。（藍正發，2005：55）在邏輯數學方面，他選擇了 Five little monkeys、Ten little Indians，這兩首兒歌都是以數字為主軸，很適合低年級的小朋友練習數數，也有簡單的運算概念。例如 Five little monkeys 的歌詞：

Five little monkeys

Five little monkeys jumping on the bed,
One fell off
And bumped his head
Mama called the doctor
And the doctor said, "That's what you get for jumping on the bed!"
Repeat for 4, 3, and 2 monkeys. Then:
One little monkey jumping on the bed
HE fell off
And bumped his head
Mama called the doctor
And the doctor said, "KEEP THOSE MONKEYS OFF THAT BED!!!".

（黃朝萍編，2004：38）

意思是，五隻猴子在床上跳啊跳，其中一隻摔下床，撞到了頭，猴媽媽打電話給醫生，醫生說：「這就是在床上跳啊跳的下場！」接下來重複四、三、二；然後最後一隻猴子在床上跳啊跳，牠又摔下來了，媽媽打給醫生，醫生說：「讓那些猴子遠離那張床！」這首歌從五到一，讓學生可練習簡單的減法，也因為內容有趣，學生更能夠琅琅上口。從這項研究中，我可以參考其選擇兒歌的方式，因為兒歌與多元智能結合，使我在分析兒歌有一個新的方向。本篇探討理論的篇幅很多，相較之下，實際補救教學的篇幅卻佔不多，雖然教學方案和流程很完整，卻讓人感覺有點頭重腳輕；不過內容裡選擇的英文兒歌也是可以供我作為中西兒歌比較時的參考。

《故事性兒歌及其在國小語文教學上的應用》，本篇以兒歌歌詞的屬性來分類，以故事性的兒歌來作研究，將故事性的兒歌運用在語文教學上，可供我的研究第七章作為參考。此項研究中界定了兒歌及故事性兒歌，以及用目前小學裡最常用到的三個版本（康軒版、南一版、翰林版）的國語教科書裡的故事性兒歌的分布情形作個歸納，再對各版本的故事性兒歌的主題內容、修辭來作分析。（林仙姝，2006）最引起我注意的是故事性的兒歌定義為何？在定義中，她也整理了兒歌的分類，因其功用的不同而分成十類：搖籃歌、遊戲歌、故事歌、滑稽歌、口技歌、娛情歌、知識歌、對口歌、歌辭歌、勸勉歌等。本項研究聚焦在故事歌的部分，故事性的兒歌的定義，是將「兒歌」和「兒童故事」二者的定義相加總而來，此篇下的定義為：採用兒童故事為內容，以兒歌的形式來表現，具有正面意義的兒歌，稱為故事性兒歌。（同上，2006：40）哪些兒歌又屬於故事性兒歌？例如，我們臺灣學童小時候都會唱的〈點仔膠〉：

點仔膠

點仔膠（柏油），
黏到腳，
叫阿爸，
買豬腳，
豬腳塊仔滾爛爛，
餓鬼囝仔流嘴涎（口水）。

（宋筱蕙，1994：64～65 引）

這首兒歌，描寫一個完整的事件，利用故事的情節，吸引小朋友，是頗能啟發小朋友思考的兒歌。研究者將故事性的兒歌運用在範文教學、作文教學、閩南語教學上。在範文教學和作文教學上，研究者也有舉出實際運用的例子。這篇研究實屬完整，對於賞析歌詞以及第七章將兒歌運用在語文教學上是很好的範作。

雖然如此，上述的研究取向都少了異系統的兒歌的對比無法提供更多的資源而對相關的語文教學有「豐富多采」上的助益。

第三章　兒歌的界定

第一節　兒歌與童謠

（一）兒歌意義概述

現在一般人，總是將「兒童歌謠」、「兒歌」、「童謠」等名稱混淆使用，甚至選擇其中一個名稱來代表。在第二章第一節提到，我在全國博碩士論文資訊網以兒歌和童謠這兩個關鍵字來搜尋文獻的資料量是差不多的，其中在 google scholar 以 nursery rhyme 和 mother goose 資料量可達上萬筆。從資料量可以想見一般人對於兒歌和童謠的名詞仍有模糊不清的地帶。但是在周作人的《兒歌之研究》一書中說「兒歌大要分為前後兩級：一曰母歌；一曰兒戲。母歌者，兒未能言，母與兒戲，歌以侑之，與後之兒自戲自歌異。」「兒戲者，兒童自戲自歌之詞。然兒童聞母歌而識之，則亦自歌之。」朱介凡也說「兒歌是孩子們的歌謠，憑著孩子們的趣味，或因於生活的感受，或因循小天使們心靈的嬉戲，遣詞造句，順口搭白，說著說著，唱著唱著，就形成了一首歌。長短不定，句式不定，結構也都不一定。高興怎樣說唱就怎樣說唱。」而蔡尚志認為兒歌的特質有六項：「平淺易懂的內容，自然流利的音韻，短俏生動的語句，兒童熟悉的背景，充滿遊戲的情趣，千奇百怪的幻想。」林武憲認為兒歌的特質有四項：「音樂性、教育性、趣味性、平易性。」

而童謠多是政治性的預測、諷刺，不以歌唱方式存在，是耳語式的流傳，最主要的差別，童謠很少關涉兒童生活。（林文寶等，1996：54 引）綜合以上的見解，兒歌有以下幾個特質：

1. 趣味性

兒童朗誦兒歌，主要是為了得到快樂，因此趣味是兒歌中很重要的特質。如

火金姑

火金姑來吃茶
火金姑，來吃茶；
茶燒燒，吃香蕉；
香蕉冷冷吃龍眼；
龍眼要剝殼，換來吃藍芨；
藍芨仔全全籽，害阮吃一下落嘴齒。

（簡上仁，1983：202）

這首兒歌上下句的連接是採用頂真修辭法，念起來順口，而且變換事物快速，趣味性高。

2. 淺易性

兒歌的內容淺顯，語言口語化，篇幅短小，在兒童文學中屬於淺易的作品。如：

量詞歌

一頭牛，兩匹馬，
五頭肥豬一群鴨，

千棵桃樹萬朵花，
我家小院一幅畫。

（鄭光中，1988：51）

兒歌的內容淺顯，適合兒童的生活經驗、思想、程度和興趣，文句口語化，形式短小，適合兒童朗誦。

3. 音樂性

兒歌是詩歌體的一種，講究音韻和節奏，因此具有音樂性，容易琅琅上口，容易記憶。如：

小松鼠

小松鼠，大尾巴，搖一搖，嘩啦啦！
大尾巴，小松鼠，晃一晃，呼嚕嚕。
小松鼠，尾巴大。小松鼠，大尾巴。

（林武憲，1989：6）

這首兒歌的字數整齊，每三個字停頓一次。有自然的節奏美。而且句型結構相似，唸起來很順口，有反覆疊誦般的美。全首兒歌均押韻，第一段押ㄚ韻，第二段押ㄨ韻，第三段押ㄚ韻，押韻的兒歌唸起來有音韻美。

4. 實用性

兒歌大都是敘述一件事或描述一個事物的特徵，偏重實用而少抒情，因此與兒童詩不太一樣。如：

香蕉

香蕉像什麼？
香蕉像一條船。
兩頭尖尖，
船身彎彎。
香蕉像什麼？
香蕉像滑梯。
這邊高高，
那邊低低。

（陳正治，1985：152 引）

這首〈香蕉〉是林良所作，寫的是香蕉外表形狀，屬於植物介紹，重實用性。

5. 文學性

兒歌是文學作品，因此也講究多樣的表現特性。如：

爬樹

爬樹爬得高，
跌下像年糕；
爬樹爬得低，
跌下像田雞。

（陳正治，1985：16 引）

這首兒歌採用兩個譬喻的複句組成，篇幅雖然短小，但是形式完整，內容豐富有趣，以符合文學作品的要求。（林文寶等，1996：55～64）

（二）童謠意義概述

1.「童謠並非兒歌」，是近代部分民俗學者的看法。因為童謠的前身是民謠，創作的目的並非完全為了兒童。

2. 是成人為了助長議論的聲勢，擴大批判的效果，以達到諷諫的目的，而教兒童唸唱一些民謠（可能與政治相關，或是反映社會現象……等等），並鼓勵兒童到處傳唱，兒童聽慣了成人們的唸唱，不免引發他們的好奇心，雖不明瞭箇中的意思，也情不自禁地模仿成人的口氣和神態，似懂非懂的唸唱起來，從此流傳於兒童的口耳之間，成為現今所謂的——童謠。

3.「童謠」是保留了民謠中有關政治性題材以外的部分，純粹歌詠一般描述成人的生活、情感、禍福、成敗、規諫、觀念、意識、道德、見解等等的歌謠，不同於「兒歌」是歌詠與兒童生活相關的歌謠。

有關童謠的特徵，包括：

1. 童謠所表現的口氣是屬於成人的，於其中的感情意識或觀點上，處處可見成人對童謠的影響。

2. 童謠裡也深含著機智、慧黠、無奈的諷諫風格。

3. 語調令人覺得調皮而雋永，不乏絃外之音。

4. 詞意多疑模稜，令人猜疑。

5. 童謠可反映時代情況。

在陳正治《兒歌的理論與賞析》中，有指出學者談到兒歌和童謠是不同的，但是也有講到兒歌與童謠意義相同，只是名稱不同。（陳正治，2007：4）像前面提到的朱介凡，他認為兒歌與童謠不同，並舉了一首東漢末年，流傳在京師的童謠：「千里草，何青青？

十日卜，不得生。」說千里草是「董」字，十日卜是「卓」字。它影射「董卓」，屬於政治性的預測，諷刺，跟兒童生活沒關係，是童謠，不是兒歌。（朱介凡，1977：8-10）

馮輝岳贊成朱自清在《中國歌謠》一書裡的主張：「占驗及政治的童謠，只是童謠的一部分，而不是它的全部。」（馮輝岳，1989：76）認為童謠的範圍不應該只限制在政治性。他又從字面上探討，引《爾雅》上說：「徒歌謂之謠。」及楊蔭深說：「歌，可作歌曲解，也可作徒歌解。」（同上，43-45）兒歌和童謠的不同，可以簡單整理成下表：

表 3-1-1　兒歌和童謠的差異

文類／功用	兒歌	童謠
目的	讓孩子得到快樂	反映社會現象
時代性	較低	較高
與兒童生活相關性	較高	較低
音樂性	有完整的音韻旋律	重視口語、韻律節奏，徒歌不唱

雖然如此，有人卻認為：「兒歌和童謠，是同一種事物的不同名稱，其實都是『小孩子唸的歌兒』，就好像『花生』和『土豆』，都是同樣的東西，只是說法不同而已」。（林武憲，1989）從以上的說法來看，後一種的理由較充分。例如古代的「臉」字，只指面上的一部分，但是現在的意思已經跟「面」的意思相同了。因此，我們不必把「童謠」限定在政治性預測這一小範圍內，說童謠和兒歌不同。現在大部分的人，都把童謠和兒歌當同義詞。例如陳子實編，大中國圖書出版的《北平童謠選集》；朱天民編，商務出版的

《各省童謠集》，內容都是兒歌。而朱介凡編的《中國兒歌》也收了政治性的兒歌，如 134 頁的東北兒歌：「中國骨頭外國肉，八國聯軍把你揍，俄大鼻是你親娘舅。」135 頁的浙江兒歌：「田要少，屋要小，子弟不要考，免得殺，免得絞，免得商鞅跑。」民國初年，周作人在〈兒歌之研究〉一文中說：「兒歌者，兒童歌謳之詞，古言童謠。」由以上推論及證據看來，我們可以下個結論：童謠就是兒歌；兒歌就是童謠。（陳正治，2007：5）

這麼多的專書都討論到了兒歌與童謠的定義，縱使過去認為兒歌與童謠不盡相同，因為兒歌具有趣味性、音樂性、文學性、淺易性、實用性，和童謠原有的特質是不太一樣的，童謠在古時候是用來諷諫政治，成人教導小孩唸唱而成的，也能反映時代情況。不過我覺得陳正治在《兒歌的理論與賞析》裡的談法很精闢，說《各省童謠集》，雖然標題是童謠集，但是內容都是兒歌；朱介凡的《中國兒歌》，標題雖然是兒歌，裡頭也收錄的有政治性的兒歌，或許應該稱為童謠，所以現在對於兒歌和童謠的界線或許沒那麼清楚。（陳正治，2007：5）

第二節　兒歌的性質

在上一節中，已經提到了各家以及專書中對於兒歌和童謠的意涵闡釋，在其他文獻中，兒歌也常常被拿來和童詩作比較；也是因為兒歌和童謠及童詩作了比較之後，才能歸納出兒歌有別於其他二者的特質。在此我也整理了兒歌與童詩的差異。朱介凡曾說兒歌是孩子們的詩。從孩子們的心性、生活、童話世界意象、遊戲情趣以及兒童語言的感受出發，比起成人們的山歌、民謠，更要顯得：句式自由、結構奇變、比興特多、聲韻活潑、情趣深厚、意境清新、言語平白、順口成章。他隨意唱來，相關的旨趣、結構的發展，常多出人意表。一句一句快樂的唱，他下一句究竟要唱出什麼？教人難以推理。兒歌所涉及的事物、宇宙人生，鉅細靡遺。辭章千變萬化而並不雜亂，它只是充分顯示了孩子們生命成長的活力，從嬰兒直到青少年：心靈的嬉遊。（朱介凡，1993：275）實際上它與童詩在形式上、內涵以及技巧上是有不同的。兒歌是訴諸於聽覺，童詩是訴諸於視覺，兒歌可以和樂，童詩或許也可以，但是音樂性不強。兒歌既然是著重於聽覺，那麼其用詞必定是淺白，較平易近人，用詞技巧不能夠太深，在修辭意象方面，以譬喻居多；而童詩是訴諸於視覺，所以在技巧方面可以用到象徵，給兒童，給讀者有較多的想像空間。林武憲認為：「兒歌，重視外在的韻律，以聲音表現為主，以實用為目的，是教育的工具，是初級的，入門的，內容較通俗的。兒童詩以情趣、意境的表現為主，不是實用的，是想像的，表現的藝術程度較深。」（林武憲，1985）林鍾隆認為：「歌，是物的歌，不是我的歌；詩，是心的歌，是自我的歌。」（林鍾隆，1984）在此將兒歌與童詩的不同整理成下表：

表 3-2-1　兒歌與童詩的差異（整理自許義宗，1995）

文類 性質	兒歌	童詩
主題	呈現赤子之心，兒童性高、有教育性。	普遍性，多元主題。
意識	兒童感覺及生活經驗呈現。	敏銳反應外在事物的刺激，較多兒童意識。
語彙	淺顯易懂，順口流利，語言美感，說明性較強。	精練華麗，耐人尋味，抒情性較強。
用韻	音樂性較強，可唱，有曲，用韻多，採一韻到底，間隔押韻，轉換押韻等方式。	用韻較少，採自由奔放的方式，部分可譜曲。

句法	整齊劃一，長短交替，有規律的波動，也有自由式的。	全然自由。
強調	較直接，明示，有實用性，但也重視情趣。	暗示，含蓄意境的美，有啓發作用。

承接以上的敘述，兒歌和童謠及童詩三者比較之下，可以整理出兒歌有別於其他二者的特質。這在李金青的《兒歌韻律研究》裡歸結兒歌的特質一覽表，在此加以引用以資比較：

表 3-2-2　各家談兒歌的特質（李金青，2009）

研究者	兒歌的特質
周作人	兒歌重在音節，多隨韻接合，義不相貫……兒童聞之，但就一二名物，設想成趣，自感愉快，不求會通。
朱介凡	句式自由，結構奇變、比興特多、聲韻活潑、情趣深厚、意境清新、言語平白、順口成章。
蔡尚志	平淺易懂的內容、自然流利的音韻、短俏生動的語句、兒童熟析的背景、充滿遊戲的情趣、千奇百怪的幻想
林武憲	音樂性、教育性、趣味性、平易性
陳正治	趣味性、實用性、淺易性、音樂性、文學性
林良	句子簡短，節奏分明，具有押韻的趣味，內容充滿遊戲性
鄭蕤	正確的觀念、豐富的知識；有趣的內容，活潑的想像；鮮明的主題、諧和的韻語；流暢的音節、口語化的運用
宋筱蕙	語詞平白易懂，聲韻活潑自然，句式短潔生動，情誼俏皮有趣，想像奇特幽默。
杜淑貞	淺詞用字不避俚俗；詠物說理趣味生動；充分展現地方特色；想像新奇幽默；語彙淺近易懂；形象明白親切；音韻鏗鏘悅耳。
蔣風	感情健康、主題單一，形象具體、想像豐富；結構單純、篇幅短小；言語淺顯、音韻和諧。
葉詠琍	感情健康主題單一、形象具體想像豐富、結構具體篇幅短小、言語淺顯音韻和諧。

因為有了比較，才可以整理出兒歌的特質。在此我也試為歸納兒歌的性質，它可以分三個方面來敘述，分別是形式、技巧、內涵。兒歌的形式重視重複性，因為是給小孩子可以習唱的歌曲，因此文句的重複性很重要，且篇幅短小。技巧方面，用字淺白，修辭部分，較少象徵；音樂節奏分明，聲韻活潑自然，也重視押韻。內涵方面，感情健康，主題單一，在孩子們的學習中是具教育性的。列表會更清楚：

表 3-2-3　兒歌性質表

項目	兒歌的性質
形式	文字重複性高，篇幅短小。
技巧	用字淺白，節奏分明，聲韻活潑自然，重押韻，修辭缺少象徵。
內涵	感情健康，主題單一，具教育性。

像〈小蜜蜂〉這首歌，是很多兒童一定會接觸到的兒歌：

小蜜蜂

嗡嗡嗡　嗡嗡嗡

大家一起勤做工

來匆匆　去匆匆

別學懶惰蟲

天暖花好不做工

將來哪裡好過冬

嗡嗡嗡　嗡嗡嗡

做工趣味濃

（魔鏡歌詞網，2010）

這首兒歌只用了五個音，不管是到了幾歲，都還可以記得這首歌的歌譜。歌詞裡完全沒有提到蜜蜂兩個字，用蜜蜂發出的聲音「嗡嗡嗡」來代表。這首兒歌是屬於句句都押韻，押的是「ㄨㄥ」韻；不只是押「ㄨㄥ」韻，也用疊字：「來匆匆，去匆匆」。除了好唱好讀，「匆匆」兩字也給小朋友感受到蜜蜂忙碌時的畫面。才八段的歌詞，卻將蜜蜂做工的樣子描寫得生動活潑：蜜蜂平日辛勤忙碌，為的就是希望在冬天不虞匱乏，因為冬天萬物休息，所以要在冬天之前把糧食儲備起來。小朋友在學這首兒歌時，可以知道蜜蜂發出的聲音，也可以知道蜜蜂工作認真的特點，更可以教導小朋友：平時工作要認真，不要變成懶惰蟲。更深一層也提醒我們：在年輕力壯時，要認真工作，為以後年老作規畫，不要在年輕時任意揮霍，到老的時候卻坐在藤椅上悔不當初。

舉一首英文兒歌為例，同樣是用字淺白，重押韻，主題單一，如 Rain, rain, Go Away：

Rain, rain, Go Away

Rain, rain, go gway
Come again another day.
Little children want to play,
Rain, rain, go away.

小雨，小雨，快走開，好天氣快來吧！
小朋友想要出去玩，
小雨，小雨，快走開。

（曾雅青編，2006：8 引）

這首兒歌押的是「ay」韻，也就是英語中的 rhyme。歌詞內容傳達的是小朋友想要出去玩的心情，可是卻碰到外面正在下雨，所以祈禱著天氣快點變好。可以看得到用字淺顯易懂，感情健康，主題單一，押韻也使小孩們容易琅琅上口，符合兒歌的性質。

本節是由形式、技巧、內涵三個方面來探討兒歌的性質，雖然中英文兒歌的性質相同，但是在細部內容取材方面、意象的運用、旋律節奏安排等，卻有很大的不同。這些細部的比較將會在第四章來進一步的處理。姚敏曾以語境因素和語言描述兩個角度來對中、英文兒歌文體進行分析。語境包括語場、語旨、語式；語言描述包括語音、詞彙、句法結構、修辭，在此篇文章中提到中文傳統兒歌，如〈頭字歌〉，每句句末的字詞幾乎完全相同，一韻到底，韻律感極強。（姚敏，2007）〈頭字歌〉的歌詞如下：

頭字歌

天上日頭，
地下石頭，
嘴裡舌頭，
手上指頭，
桌上筆頭，
床上枕頭，
背上斧頭，
爬上山頭，
喜上眉頭，
樂上心頭。

（姚敏，2007：139 引）

至於英語兒歌的節奏主要是由重讀和輕讀音節的有規律的重複構成。一個重讀音節和一個或兩個輕讀音節搭配起來，便組成一個音步（foot）。（姚敏，2007）由這裡可知，中英文的兒歌雖然注重押韻，但是韻的組成是不同結構的。

第三節　兒歌的功能

音樂本身就有治療的功能，我們走進唱片行，可以看到不同種類的音樂，不同的音樂帶給人的感受，以及它發揮的影響和功效是不同的。例如，大自然系的音樂中，可以聽到流水聲、蟲鳴鳥叫聲，給人很放鬆的感覺，有抒壓的效果，很適合用來當作練瑜伽的背景音樂，有和大自然融為一體的氣氛。又如水晶音樂，這種音樂好像是敲水晶玻璃杯發出的聲音，給人很純淨，很優雅的感受。又如一般流行音樂，也分多種不同類型，有抒情歌、搖滾樂、爵士樂等等，失戀的人會聽悲傷的符合自己心境的歌，來讓自己好好大哭一場，所以抒情歌有療傷的功能；更有人心情煩躁時會聽吵鬧的搖滾樂，跟著音樂大吼大叫，就能把心中不平的情緒發洩出來，所以搖滾樂有讓人解脫的功能。不同的音樂類型，會有不同的功能，而且歌曲中的詞，也會給聽者不同的感觸，以及不同的畫面呈現在腦海。兒歌，是孩子們專屬的音樂，因為兒歌的節奏明確，用字淺白，可以讓小朋友在成長過程中有陪伴的音樂。兒歌是孩子的童年中最快樂的部分。兒童歌謠基本的功能是快樂；除了快樂，兒歌也有不同的類型，不同的類型將會有不同的功能。兒歌的分類，各家說法不同。以下是各家對兒歌的分類表：

表 3-3-1　兒歌分類表

研究者＼分類	兒歌的類型
周作人	母歌：撫兒使睡之歌、弄兒之歌、體物之歌、人事之歌 兒戲：遊戲歌、謎語歌、敘事歌（七類）
林守為	成人為兒童唱：催眠歌、弄兒歌、知識歌 兒童自己唱：遊戲歌、滑稽歌、動物歌、計數歌、急口令、各地童謠（九類）
朱介凡	連鎖歌、對口歌、岔接歌、兒化韻的歌、顛倒歌、滑稽歌、繞口令和急口令（七類）
蔡尚志	母子歌、遊戲歌、逗趣歌、語辭歌、生活歌、知識歌、勸勉歌（七類）
陳正治	催眠歌、遊戲歌、知識歌、逗趣歌、勸勉歌、抒情歌、生活歌、故事歌（八類）
宋筱蕙	搖籃歌、育子歌、遊戲歌、娛情歌、幻想歌、連珠歌、知識歌、口技歌（八類）

這類分類，或析辨不精（如林守為的「各地童謠」就難以區別於他所區分的其他類），或可合併（如周作人所區分的「撫兒使睡之歌」和「弄兒之歌」，就可以合併），或類目不足（各家都如此），因此不便據為論說。

在林仙姝的《故事性兒歌在教學上的研究》中，以功用的不同，將兒歌分成十類（林仙姝，2006），涵蓋性比較足夠，我就姑且加以引用再補充並簡要敘述其功能：

(一) 搖籃歌：催眠止哭的歌曲，其中包括育子歌。搖籃歌多是母親在孩子睡覺前，輕聲低吟的歌謠、在家人的懷抱中，安心地入睡。

Brahams lullaby

Lullaby, and good night, with pink roses bedight,

With lilies o'er spread, is my baby's sweet head.

Lay thee down now, and rest, may thy slumber be blessed!

Lay thee down now, and rest, may thy slumber be blessed!

Lullaby, and good night, your mother's delight,

Shining angels beside my darling abide.

Soft and warm is your bed, close your eyes and rest your head.

Soft and warm is your bed, close your eyes and rest your head.

Sleepyhead, close your eyes. mother's right here beside you.

I'll protect you from harm, you will wake in my arms.

Guardian angels are near, so sleep on, with no fear.

Guardian angels are near, so sleep on, with no fear.

（黃朝萍編，2004：18～19）

布拉姆斯搖籃曲

安睡　安睡

乖乖在這裏睡

小床滿插玫瑰

香風吹入夢寐

蚊蠅寂無聲

寶寶睡得甜蜜

願你舒舒服服的

睡到太陽升起

安睡　安睡

媽媽就在這裏

在你床邊唱看
搖籃曲兒伴你
好好睡　沈沈睡
聽著我的歌睡
好好睡　沈沈睡
聽著我的歌睡

（黃朝萍，2004：57）

這首是著名的 Brahams lullaby，為德國的音樂家布拉姆斯所作。這首歌的曲調，聽來令人放鬆，有助於入眠。原來的標題是〈小沙人〉，這是根據德國的民間故事所寫的搖籃曲，內容是說把沙子放進孩子的眼裡，以便讓孩子快快睡覺。此曲是由夏綠蒂所演唱的搖籃曲。（音樂欣賞教學活動，2009）這首搖籃曲有不同的歌詞版本，上述是其中之一，最有名的是李抱忱填的詞。以下是他作的詞：

玫瑰低聲說「晚安」，在那銀色的夜空下，睡在那露珠裡
他們躲著不讓我們看見，當黎明悄悄來臨
神就會喚醒他們和你們，甜甜的睡去，小寶貝
天使都在左近照看著你
無聲的夜安渡著你上達那愛的夢園地

（音樂欣賞教學活動，2009）

(二) 遊戲歌：孩童在遊戲時唸唱的歌謠，沒什麼特別的含意，卻可以增加小孩在遊戲時的樂趣。例如：

炒米香

一的炒米香，
二的炒韮菜，
三的沖沖滾，
四的炒米粉，
五的五將軍，
六的六子孫，
七的分一半，
八的站著看，
九的九嬸婆，
十的撞大鑼。

（宋筱惠，1994：56引）

〈炒米香〉是臺灣的拍掌歌，遊戲的方法是兩童對坐，每唸一句，各以一手交叉拍打對方的手心，拍錯了便停止，重新來過。倘若沒拍錯，到最後雙手拍對方手心，可以拍無數次，而且可以越唱越快，越拍越急，非常有趣。透過這首遊戲歌，孩童彼此之間可以增進感情。因為反覆地唸誦，他們也可以熟悉數數。

(三) 故事歌：以兒歌的語言形式，描述一個完整的事件，利用故事的情節，吸引小朋友，啟發小朋友思考的兒歌。如：

小毛驢

我有一隻小毛驢
我從來也不騎
有一天我心血來潮
騎著去趕集

我手裡拿著小皮鞭
我心裡正得意
不知怎麼嘩啦啦啦啦
我摔了一身泥

（陳正治，1985：117 引）

這首〈小毛驢〉有很清楚的原因、事件、結果，符合故事該有的元素，孩童在習唱的過程中，可以初步了解敘述事情的基本結構。

(四) 滑稽歌：這類兒歌內容有趣，語句俏皮，超出一般的情節，幾乎是不可能發生的，卻能引起兒童快樂的情緒。如，

顛倒歌

好久沒唱顛倒歌，
明日唱了顛倒歌。
田螺走遍三千里，
黃牛飛過一條河。
對門山裡菜吃羊，
屋裡媳婦打家娘，
睡到半夜賊咬狗，
雞公擔起狐狸走。

（陳正治，1985：79 引）

這首兒歌多用誇飾法，且內容是非顛倒，娛樂性極高。因為田螺不可能走遍三千里，黃牛不可能飛過一條河，菜不可能吃羊，媳婦不可能打家娘，賊不可能咬狗，公雞更不可能擔起狐狸走。不過這些超越現實的語句，卻能激發孩童的想像力，刺激思考推理的能力。

(五) 口技歌：「口技」本來是一種賣弄發音技巧，製造特殊音感效果的語音遊戲，如繞口令和急口令兩種：

1. 繞口令：兒童的「繞口令」是將一些音同、音近或雙聲、疊韻的語詞，編組成有意義或有趣味的兒歌。兒童從反覆唸誦中，矯正發音、送氣、收氣時有可能發生的毛病，避免日後說話時語音含糊不清或變腔走調、拗口不順，又叫「拗口歌」或「繳嘴的話」。「繞口令」唸順了，不但不覺拗口吃力，反而變的字正腔圓，生動悅耳。（宋筱惠，1994：31-32）如，

張大嘴

張大嘴，
張大嘴，
李大嘴，
兩人對坐來比嘴，
張大嘴說李大嘴的嘴大，
李大嘴說張大嘴的嘴大。

（宋筱惠，1994：78-79 引）

2. 急口令：「急口令」不同於「繞口令」，它的句子並不拗口，但要一口氣唸完，不能停頓，而且越快越好，是一種用於訓練兒童說話流利的兒歌。（宋筱惠，1994：32）如：

十八個冬瓜

冬瓜冬瓜，
兩頭開花，
開花結子，
一個冬瓜，

兩個冬瓜，

三個冬瓜，

十八個冬瓜。

（宋筱惠，1994：80 引）

這類的兒歌，對於訓練兒童的說話能力及數字概念的學習，頗有助益。

(六) 娛情歌：兒童自我娛樂時，所唸唱的兒歌，內容多半含有戲謔的趣味，能表現出兒童天真無邪的天性。如：

大頭大頭

大頭大頭，

下雨不愁，

人家有傘，

我有大頭。

（陳正治，1985：102 引）

娛情歌是兒童遊戲時，戲弄或嘲笑同伴時，臨時編出來的，這種兒歌也含有誇飾法，有了大頭就不用雨傘，就可以擋雨了。跟顛倒歌不同的是，這種兒歌的邏輯性較強，以事實為基礎，或許有個小孩的頭原本就很大，只是以下雨這樣的情況來強調大頭不怕下雨，只取一個特點來放大；顛倒歌則是完全和事實相反，用兩個原本就有對立的事物，將它們放在一起，使它們產生衝突，讓人感覺意象更為強烈。

(七) 知識歌：是利用兒歌，灌輸兒童一般性的知識，在吟唱之中，增進兒童對自然生物的認知，內容包羅萬象，非常豐富。例如收錄在蔣風的《中國傳統兒歌選》裡的一首福建兒歌〈學算數〉：

學算數

連算貓，學算數，
連算數數一隻貓，
一隻貓頭兩隻耳，
一隻尾巴四隻腳。

連算貓，學算數，
連算數數兩隻貓，
兩隻貓頭四隻耳，
兩隻貓尾八隻腳。

連算貓，學算數，
連算數數三隻貓，
三隻貓頭六隻耳，
三隻貓尾十二隻腳。

連算貓，學算數，
連算數數四隻貓，
四隻貓頭八隻耳，
四隻貓尾十六隻腳。

（蔣風編，1992：145）

這首歌謠在福建福州、長樂、連江一帶廣泛流傳。大多數是老人家教兒童學算數，這樣倍數類推到幾十隻貓。（蔣風，1992：145）在四川也有一首〈數蛤蟆〉是相同性質的兒歌，也是教小孩算數，可以讓孩童對乘法有啟蒙的概念：

數蛤蟆

一個蛤蟆一張嘴，
兩隻眼睛四條腿，
乒乒乓乓跳下水，
蛤蟆不吃水，太平年，
蛤蟆不吃水，太平年，
荷兒梅子兮　水上飄，
荷兒梅子兮　水上飄。

（蔣風編，1992：144）

(八) 對口歌：是一種問答形式的兒歌，又稱為「問答歌」。從一問一答中，層層接應，相連成趣，對知識尚淺的兒童，具啟發心智的效用。例如〈什麼尖尖尖上天〉：

什麼尖尖尖上天

什麼尖尖尖上天？
什麼尖尖在水邊？
什麼尖尖街上賣？
什麼尖尖姑娘前？
寶塔尖尖尖上天，
菱角尖尖在水邊，
粽子尖尖街上賣，
縫針尖尖姑娘前。

（蔣風編，1992：253）

歌詞的前四句都是問題，都是以尖尖來出題，同樣是尖尖的物品，可是卻有不同的形式出現在不同的地方。這首兒歌還可將尖尖改成「圓圓」、「方方」、「彎彎」來提問，又會有不同的答案出現。這樣的兒歌可以讓孩童在問與答之中，獲得遊戲和增長知識的滿足。我覺得這樣的兒歌與知識歌一樣，都可以帶給孩童增廣見聞的機會，不過問答歌，因為是問與答的方式，所以更增添了趣味性。

(九) 歌辭歌：偏重在語辭，像名詞、動詞、形容詞、副詞、單位詞的應用技巧。如〈天上一天星〉：

天上一天星

天上一天星，
屋上一隻鷹，
樓上一盞燈，
桌上一本經，
地上一根針。
撿起地上的針，
收起桌上的經，
吹滅樓上的燈，
趕走屋上的鷹，
數清了天上的星。

（蔣風編，1992：274）

這首兒歌押「ㄥ」韻，歌曲裡的每一句，都以相同的句法，巧妙地運用各類的名詞、動詞、單位詞。名詞有星、鷹、燈、經、針；單位詞有一天、一隻、一盞、一本、一根；動詞有撿、吹、趕、數，可以訓練兒童敘述表達的能力，讓他們可以知道，不同的物品有不同的單位詞，很有語文教育價值。

(十) 勸勉歌：勸勉兒童立志向上的兒歌。從日常生活中，不論是讀書、做人、處世、接物、孝親、敬長等方面，兒童都需要我們給予勉勵。例如〈小螞蟻〉：

小螞蟻

一隻小小黑螞蟻，
真努力，不停息，
東邊跑，西邊去，
忙著四處找東西。
牆腳有顆餅乾粒，
舉舉臂，沒力氣，
只好回家找兄弟，
大家同心又合力，
好把東西扛回去。

（蔡尚志，1982 引）

這類兒歌，能給兒童一些行為的標準，直接或間接的影響他們的行為，像這首兒歌就可以告訴孩子們團結力量大的道理，深具教育意義。

從以上十種類型的兒歌中，可以清楚地了解不同類型的兒歌有不同的用途。對教學者來說，是可以依兒童的需要選擇適合的兒歌與教學作配合。總括來說，兒歌的功能可以傳遞知識、安撫兒童、增添遊戲時的趣味；還可以訓練兒童的口語能力，尤其是在學習英語時，加入兒歌的練習，更可以讓學生熟練外語的咬字，加深學習的印象。

關於英語兒歌部分，類型並沒有像中國兒歌這麼多種。在這裡依據林仙姝在《故事性而歌在教學上的研究》中分成的十類兒歌擷取，以及將手邊的英文兒歌資料的種類分成搖籃曲、遊戲歌、知識歌、節慶歌、故事歌、問候歌六類。以下是各類型的簡要說明並舉例：

(一) 搖籃曲：在前面已經敘述過，是安撫兒童使其熟睡的功用。這類型的曲調讓人有輕柔放鬆的感覺，可以使兒童很快的進入夢鄉。前面已經舉了一首〈布拉姆斯搖籃曲〉（Brahams lullaby），還有一首 Lullaby，歌詞如下：

Lullaby

Sleep, little one go to sleep,

so peaceful the birds and the sheep.

O'er you the moon beams will creep.

Sleep, little one go to sleep.

Good night, good night.

Good night, good night.

睡吧，我的寶貝，

鳥兒和羊兒都靜靜的睡了。

月光悄悄的爬上寶貝的床。

睡吧，我的寶貝。

晚安，晚安。

晚安，晚安。

（莊雅芸編，2007：48）

從歌詞中就可以很明顯的知道，這是哄小孩睡覺的歌曲，沒有多餘的期望，只希望孩子安穩的睡著。

(二) 知識歌：從歌詞中可以學習一些基本知識，例如數數觀念，或者是熟練字母。例如我們在學習英語的最開端，要練習字母，我們一定都會唱 ABC song，也有人稱為 Alphabet song：

ABC Song

ABCDEFG, HIJKLMNO,
QRS, TUV, WX and Y and Z,
Now I know my ABC's,
Next time won't you sing with me?

（曾雅青編，2006：70）

學習句型，認識物品的歌，如 What is it?：

What is it?

What is it? Hum hum hum.
It is hair. La la la.
What is it? Hum hum hum.
It is a nose. La la la.
What is it? Hum hum hum.
It is a mouth. La la la.
What is it? I don't know. Ha ha.

（莊雅芸編，2007：86）

從這首歌可以學習 hair 頭髮、nose 鼻子、mouth 嘴巴的說法，更可以學習到不知道時該怎麼回答，那就是 I don't know！

(三) 節慶歌：英語兒歌中關於節日的很多，尤其是耶誕節和新年。節慶歌可以使兒童更融入節日的氣氛。如 We wish you a Merry Christmas：

We wish you a Merry Christmas

We wish you a Merry Christmas,

We wish you a Merry Christmas

We wish you a Merry Christmas and a Happy New Year.

Good tiding we bring, to you and your kin.

We wish you a Merry Christmas and a Happy New Year.

（曾雅青編，2006：90）

在耶誕節又接近跨年時，兒童吟唱這首歌曲，更能感受過節的快樂氣氛。

(四) 遊戲歌：孩童在遊戲時哼唱的歌曲，遊戲配合著音樂的節拍，可使遊戲進行的更有節奏感。如 London Bridge is falling down：

London Bridge is falling down

London Bridge is falling down,

falling down, falling down,

London Bridge is falling down,

falling down, falling down,

My fair lady.

（曾雅青編，2006：54）

這首歌會搭配著小朋友們玩火車過山洞的遊戲，適合群體遊戲。遊戲的進行是由兩個小朋友，面對面的把手撐起來，其餘的小朋友用手搭著另一個人的肩膀，形成一烈火車的樣子，邊唱歌邊經過那兩個小朋友搭起的山洞，歌曲結束時，搭起山洞的手便放下來，剛好會攔住一位小朋友，被攔住的小朋友就先到一旁休息，接著歌曲會越唱越快，小朋友的行進速度也會加快。

(五) 故事歌：這一類的歌曲有很明顯的主角人物和事件經過，如 This Little Pig Went to Market：

This Little Pig Went to Market

This little pig went to market.
This little pig stayed at home.
This little pig had roast beef.
This little pig had none.
And this little pig cried "wee-wee-wee-wee-wee,"
All the way home.

（曾雅青編，2006：22）

這首歌是說有一隻小豬到市場去，另一隻小豬待在家，這隻小豬有燉牛肉可吃，另一隻小豬什麼都沒有，這隻小豬就一路哭回家了。不過，這首兒歌的指稱詞都是用 this，很容易讓人搞混是不是同一隻小豬，所以這首兒歌在教唱時，應該是要搭配一些玩偶，才能讓小朋友更清楚。

(六) 問候歌：這類型的歌謠在英語兒歌裡也很常見，可以讓孩童學習和人打招呼的方式，培養基本的禮貌。如 Hello：

Hello

Hello, hello, hello, hello,
Hello Mary, hello John.
Hello Mary, hello John.
Hello, hello, hello, hello,
Hello!

（曾雅青編，2006：34）

Hello！是英文裡最簡單也最實用的打招呼方式，這首歌很適合年紀小的孩童，也很適合初學英文的學生，歌曲裡的人名 Mary 和 John，是常被拿來作範例的名字，在吟唱這首歌時，人名也可以隨著變換，可以增進孩子之間的互動。又如國小英語課本裡一定會收錄的一首歌 Hello! How are you?：

Hello! How are you?

Hello, hello, hello, how are you?

I am fine, I am fine,

I am fine, thank you.

（陳純音編，2009：10）

除了 hello，跟朋友之間也會詢問對方最近如何，就可以用 How are you？還打招呼，讓孩子也能學習關心對方。

以上是我個人對於英文兒歌的分類，每一種類型的兒歌都有它們不同的功能，但就整體來說我們還是得去探究兒歌的審美特徵和文化背景，再就中西兒歌這二者來比較異同，才能對中西兒歌有一兼具廣度與深度的了解。而這些更深層次的審美和文化功能的詳細情況，將會在第五六章作說明。

第四章　中西兒歌的形式風格的比較

第一節　中西兒歌的取材

在本研究的第三章，經由兒歌和童謠、兒歌和童詩的比較下，可以看出兒歌的性質；而從表 3-2-2 可以了解，兒歌的性質方便分成形式、技巧、內涵來探討。當中兒歌的形式包含了取材及意象；而兒歌的技巧則包含了旋律和節奏，這在本章的第四節將會探討。此外，有關兒歌的內涵，會在第五章中西兒歌的審美特徵差異及第六章中西兒歌的文化背景來細談。

取材，意思為選擇材料，每一首兒歌都為它的中心思想，也就是選擇怎樣的內容來作為兒歌的材料。就兒歌的主體性而言，我將兒歌的取材分為人、事、物三大類。而依據外觀來畫分，人可分成貌美人、畸形人、其他；事，根據事物的性質來分，可分成學習、催眠、遊戲三大類；物，根據物的屬性，可分為動物、植物、人造物。將這些分類列成表格會較為清楚，如下：

表 4-1-1　兒歌取材分類表

兒歌分類 兒歌取材	類型
人	貌美人 畸形人 其他

事	學習 催眠 遊戲
物	動物 植物 人造物

坊間的兒歌集眾多，不論是中文兒歌或者英文兒歌，為了小孩的學習，不少的出版社都會出版兒歌來陪伴兒童學習語文的過程；縱使兒歌集眾多，很多兒歌會出現重複，不同的兒歌集中都會有相同的兒歌，既然會被重複收錄，代表那首兒歌的經典性。本節將從全球華文網路教育中心——幼兒學華語（2010）、魔鏡歌詞網（2010）、地圖日記（2010）、Lullabies from the radle（2010）、陳銘民《臺灣囝仔歌謠》(2002)、馮輝岳《臺灣童謠大家唸》(1998)、蔣風《中國傳統兒歌選》(1992)、曾雅青《我的第一本英文童謠》(2006)、黃朝萍《歡唱歌謠學英文》(2004)、蘇正隆《英語童謠民歌》(1987)、莊雅芸《我最喜愛的英文童謠》(2009) 中挑選重複性較高的中西兒歌來作取材的分類分析。以下將中西兒歌依此分類表分類及舉例，並分析中西兒歌在取材上的不同：

表 4-1-2　中國兒歌取材分類表

兒歌分類 / 兒歌取材	類型	備註
人	一、貌美人：如〈虹彩妹妹〉、〈我的妹妹〉、〈大相公〉 二、畸形人：如〈阿土〉、〈大頭〉、〈阿才〉 三、其他：如〈叫化子〉、〈阿肥仔〉、〈小器鬼〉	抒情寫實

事	一、學習：如〈數字歌〉、〈數蛤蟆〉、〈七加一〉 二、催眠：如〈外婆橋〉、〈搖子歌〉、〈催眠曲〉 三、遊戲：如〈一的炒米香〉、〈過城門〉、〈點兵〉	
物	一、動物：如〈兩隻老虎〉、〈白貓黑貓〉、〈蠶寶寶〉 二、植物：〈牆頭草〉、〈牽牛花〉、〈樹〉 三、人造物：〈富士霸王〉、〈造飛機〉、〈小板凳〉	

表 4-1-3　英文兒歌取材分類表

兒歌分類 兒歌取材	類型	備註
人	一、貌美人：My Bonnie, Cinderalla, Pretty Little Dutch Girl 二、畸形人：Humpty Dumpty 三、其他：The Muffin Man, Old Macdonald Had a Farm, The Noble Duke of York	敘事寫實
事	一、學習：Ten Little Indians、Head, Shoulders, Knees and Toes、This is the way 二、催眠：Lullaby、Twinkle, Twinkle Little Star、Hush Little baby 三、遊戲：London Bridge,Hokey Pokey,	
物	一、動物：Three Blind Mice, Little Bunny Foo Foo, Baa Baa Black Sheep 二、植物：We Like to Plant Trees Edelweiss, I had a little nut tree 三、人造物：The Wheels on the Bus, Row Row Row Your Boat, The Traffic Light	

以上兩個表格是兒歌取材分類，並舉出例子。這些兒歌乍看之下，沒什麼特別的不同，看起來也很相似，不過仔細去推敲歌詞的

內容，在語言表述上是有差異的。一般的語言表述，可分成三大類型：抒情式的文體、敘事式的文體、說理式的文體。但在整體的特性上，我們是屬於抒情寫實，內感外應；西方則是屬於敘事寫實，文章會完整的敘述一個事件（周慶華，2007：291～292）。就拿描寫人的兩首兒歌來作對照：中國的〈虹彩妹妹〉和英文的 Pretty Little Dutch Girl。歌詞如下：

虹彩妹妹

虹彩妹妹嗯唉嗨喲，
長的好那麼嗯唉嗨喲，
櫻桃小嘴嗯唉嗨喲，
一點點那麼哼嗨喲。

少年情哥嗯唉嗨喲，
長的壯那麼嗯唉嗨喲，
年輕有為嗯唉嗨喲，
不求人那麼嗯唉嗨喲。

虹彩妹妹嗯唉嗨呦
真能耐那麼嗯唉嗨呦
粗活兒細活兒嗯唉嗨呦
樣樣都會那麼嗯唉嗨呦

少年情哥嗯唉嗨呦
比人強那麼嗯唉嗨呦
前線拿槍嗯唉嗨呦
為國家那麼嗯唉嗨呦

三月裡來桃花開
翩翩蝴蝶尋春來

飛上飛下多恩愛
我們倆也要恩恩愛愛

八月中秋月正圓
家家戶戶慶團圓
月圓怎比人團圓
打勝戰歸來麼慶團圓
打勝戰歸來麼慶團圓

（魔鏡歌詞網，2010）

Pretty Little Dutch Girl

I am a pretty little Dutch girl,
As pretty as I can be.
And all the boys in the neighborhood
Are crazy over me.

My boyfriend's name is Mellow.
He comes from the land of Jello.
With pickles for his toes and a cherry for his nose,
And that's the way my story goes.

我是漂亮的荷蘭小姑娘，漂亮的不得了。
附近的男孩，都為我瘋狂。

我男友叫梅羅，
來自果凍田園，
酸黃瓜做腳趾，櫻桃做他鼻子，
那就是我的故事。

（黃朝萍 2004：18）

這兩首兒歌都是以人為主而作的，也都有描寫到男女之間單純的戀情。〈虹彩妹妹〉分成六段，第一、三段是描寫虹彩妹妹的美貌以及能幹；第二、四段寫出少年哥哥的本領和為國家效力的行為；第五段則是用三月裡的蝴蝶來比喻男女戀愛的感覺；最後一段則寫到八月中秋人團圓。西方的 Pretty Little Dutch Girl，歌詞裡是以一個荷蘭小女孩的第一人稱角度來書寫，第一段說到自己漂亮的不得了，跟〈虹彩妹妹〉比較起來，沒有細部的描寫小女孩臉上的五官，或者是穿著，以附近的男孩為她瘋狂來告訴我們她漂亮的程度。就敘事方式來看，〈虹彩妹妹〉每一段都有不同的重點，前後沒有明顯的連貫性及邏輯性，而且看不出來是以第幾人稱來描寫；第一段到第四段看起來是第三人稱，可是第五段裡的我們指的是虹彩妹妹與少年情哥嗎？那是站在誰的角度寫的？是虹彩妹妹，還是哥哥？Pretty Little Dutch Girl 則是很清楚的告訴我們，她就是一個漂亮的不得了的小女孩；第二段以「我男友」作開頭，明顯地看得出來和前一段是有關連性。這和前面所提到的中西在敘事方面的不同，做了一個印證：中國屬於抒情寫實，內感外應，對於某一事件有感覺，直接表現出來；而西方則是屬於敘事寫實，富於想像力，為詩性思維，如在第二段裡說到：「我男友叫梅羅，來自果凍田園，酸黃瓜做腳趾，櫻桃做他鼻子」，可以看得出想像力的運作，怎麼會有田園是種果凍的？腳趾是酸黃瓜、鼻子是櫻桃？或許是這個漂亮的小女孩覺得沒有其他男孩配得上她，於是假想了一個人物來當作她的男友，從這裡也可以感覺出這是小孩的口吻，好像勾勒出了一幅可愛的人像圖。

就事的類型來說，都有學習、遊戲、催眠這三類。催眠這一類的兒歌，不論在中西都佔了一個很重要的角色，甚至可以獨立出來。在這裡藉由中西催眠曲作一個比較：同樣是哄小孩入睡的歌曲，在敘述上卻有不同，如〈外婆橋〉和〈Hush Little Baby〉：

外婆橋

搖啊搖，搖啊搖，
船兒搖到外婆橋。
外婆好，外婆好，
外婆對我嘻嘻笑。
搖啊搖，搖啊搖，
船兒搖到外婆橋。
外婆說，好寶寶，
外婆給你一塊糕。

（地圖日記：2010）

Hush Little Baby

Hush, little baby, don't say a word.
Papa's gonna buy you a mockingbird.

And if that mockingbird won't sing,
Papa's gonna buy you a diamond ring.

If that diamond ring turns brass,
Papa's gonna buy you a looking glass.

If that looking glass gets broke,
Papa's gonna buy you a billy goat.

If that billy goat won't pull,
Papa's gonna buy you a cart and bull.

And if that cart and bull turn over,
Papa's gonna buy a dog named Rover.

And if that dog named Rover won't bark,
Papa's gonna buy a horse and cart.

Anf if that horse and cart fall down,
You'll still be the sweetiest baby in town.

(Lullabies from the radle: 2010)

從中國的〈外婆橋〉歌詞來看，是媽媽推著搖籃唱給孩子聽的，為什麼可以推測出是媽媽推搖籃，而不是爸爸？那是因為有外婆這兩個字。歌裡以船來象徵搖籃，搖籃搖著就好像小船在水上搖晃，一路搖到外婆橋。這首歌大致上分成兩段，在敘述人稱的角度也有所變化：第一段是以孩子為第一人稱，最後一句「外婆說，好寶寶，外婆給你一塊糕」，敘述人稱變成了以外婆為主的角度；而且從歌詞中，希望孩子入睡的意圖並不明顯，反而讓人覺得是對小孩能夠學好、學乖的期望。而在 Hush Little Baby 裡，爸爸希望小孩能安靜的入睡，用了一連串的條件：一開始爸爸要買一隻小鳥；如果鳥兒不會唱歌，那就買一個鑽石戒指；如果鑽石變色了，那就買一面鏡子；如果鏡子破了，那就買一隻羊；如果這隻羊不會拉車，那就買一臺牛車；如果牛車翻倒了，那就買一隻名叫 Rover 的狗；如果狗不會吠，那就買一輛馬車；如果馬車摔倒了，你仍是鎮上最可愛的小孩。從這裡又可以再次看出西方的線性思維，在這首兒歌裡頭，敘述人稱的角度是爸爸對小孩，為了能鼓勵孩子安靜的入睡，買了一連串的物品，每一樣東西出現前，都是因為前一項出了問題。從這些東西的出現，也可以看出西方人的想像力。

從物方面來看，有動物、植物、人造物。我以中西兩首植物類型的兒歌〈樹〉和 I had a little nut tree 來比較，歌詞如下：

樹

樹呀，樹呀，我把你種下，
不怕風雨快點長大，
長著綠的葉，
開出紅的花，
鳥來做窩，猴子來爬，
我也來玩耍。

（魔鏡歌詞網，2010）

I had a little nut tree

I had a little nut tree.
Nothing would it bear,
But silver nutmegs
And golden pears.
The King of Spain's daughter
Came to visit me,
All for the sake
Of my little nut tree.

Her dress was made of crimson.
Jet black was her hair.
She asked me for my nut tree
And my golden pear.
I said, "So fair a princess
Never did I see.

I'll give you all the fruit
From my little nut tree."

我有棵小堅果樹，什麼都不長。
只長銀肉豆蔻，和金梨子。
西班牙公主，前來拜訪我，
全都為了我這棵小堅果樹。
我說：「我從未見過這般美麗的公主。
小堅果樹上的果實，我全都要送給你。」

（黃朝萍，2004：28）

由後者可以發現西方兒歌想像力的豐富，如果看到標題，會以為只是想表達我有一棵普通的堅果樹，沒想到這棵堅果樹不長堅果，竟然是長銀荳蔻和金梨子，還想像美麗的西班牙公主因為這個寶樹來拜訪我；這跟前一首〈樹〉，簡短地敘述出將樹種下，到長出綠葉和紅花，還有鳥來作窩，猴子來爬，我也來玩耍的畫面，只用了短短的四十個字左右，沒有其他想像力的添加相比，更可以印證內感外應的敘述方法，由外在的事物刺激內在的感受而書寫。

歸納來說，中西兒歌的取材都可分成人、事、物三類，雖然內容相似，但是在敘述形式上卻有明顯的差別，中國是屬於抒情寫實，內感外應；而西方則是屬於敘事寫實，作品中可以看到明顯的邏輯性、詩性的思維和想像力的發揮。

第二節　中西兒歌的意象運用

意象通常出現於詩歌當中，而兒歌是孩子們的詩，也是歌謠，所以我們也來該探討兒歌中的意象。何謂意象？意象又有何作用？

這兩個字看似簡單，實際上又很抽象，亞伯拉姆斯（M.H.Abrams）明白指出「意象」（imagery）一詞在文學批中極為常見，然而意義卻是最不確定的，從讀者所親身體驗一首詩的「心象」（mental picture），到造就一首詩為整體的構成要素。（Abrams，1992：121～122）意象其來有自，我們主觀的感覺竟然是對客觀物象的摹擬或重複，透過回憶和聯想的心理運作，可以讓具有美感經驗或印象深刻的事物，在我們腦海中重新顯現它的影像光彩。西方文論家認為，意象是指由我們的視覺、聽覺、觸覺、心裡感覺所產生的印象，憑藉語言文字的表達媒介，透過比喻和象徵的技巧，將抽象不可見的概念，轉換為具體可感的意象。因此，一首好詩必然具備真切可感的意象，讓讀者於吟詠詩句時也能比物比情，保有生動深刻的印象。（周慶華等，2009：44～46）許久以前路易士就曾經說過：「在所有的詩歌當中，意象是不變的事物，而且每一首詩自身就是一個意象。」（Lewis，1984：17）黃永武認為「『意象』是作者的意識與外界的物象相交會，經過觀察、審思與美的釀造，成為有意境的景象。然後透過文字，利用視覺意象或其他感官意象的傳達，將完美的意境與物象清晰地重現出來，讓讀者如同親見親受一般，這種寫作的技巧，稱之為意象的浮現。」（黃永武，1976：3）總結來說，詩歌意象有其象徵的或隱喻的涵義（symbolic or metaphorical connotations）在內，可以引發審美想象，例如松樹令人聯想到山中隱士的閒靜少言玉潔冰清，以及鶴髮紅顏共天光雲影怡悅自得的形象，而柳枝則常與離情別思相繫，灞水橋邊垂條千尺，飄絮吹綿又惹恨牽愁，孤寒之青袍相送富貴之玉珂，沉淪鬱抑淒然銷魂，莫此為甚。這些詩的意象語早已成文學成規，自有其字義背後隱含的意義，讓人有無窮無盡的想像空間。（周慶華等，2009：36）

意象的表現方式，前段有提到，表現在象徵和比喻的修辭技巧當中，兒歌作為兒童文學的重要體裁，它使用修辭技巧相當豐富。常用手法有：擬人、反復、類疊、對答、排比、比喻、誇張、聯想等等。（張楊，2009）在這麼多的兒歌材料中，也看到了直述法。承接上一節的例子來說，直述法是將個人的感覺與心聲，坦率地講述出來，卻能引發別人的共鳴，激起動人的情趣。如，〈我的妹妹〉：

我的妹妹

我的妹妹年紀小，

笑得真個好，

見了爸爸跳幾跳，

見了媽媽瞇瞇笑，

看見我來拍拍手，

咕哩咕囉只是叫，

小的牙齒露出來，

可愛的樣子惹人笑。

（全球華文網路教育中心，2010）

又如 Old Macdonald had a farm：

Old Macdonald Had a Farm

Old Macdonald had a farm, E-I-E-I-O!

And on his farm he had a chick, E-I-E-I-O!

With a chick chick here and a chick chick there!

Here a chick, there a chick, everywhere a chick chick!

Old Macdonald had a farm, E-I-E-I-O!

王老先生有塊地，伊呀咿呀喲！

他在農場養小雞，伊呀咿呀喲！

這裡嘰嘰嘰，那裡嘰嘰嘰，

這裡嘰，那裡嘰，到處都在嘰嘰嘰。

王老先生有塊地，伊呀咿呀喲！

（曾雅青，2006：30）

以上兩首兒歌都屬於直述法，〈我的妹妹〉直接敘述小女孩看到家人開心的樣子，高興地跳、高興地露出牙齒笑、高興地拍拍手，雖然沒有任何更深一層的比喻或象徵，卻把小女孩的樣子活靈活現的描繪出來；而 Old Macdonald Had a Farm，只有敘述這位老先生有一塊地，養了一些小雞，小雞到處嘰嘰叫，這只是其中一段，還會有鴨子、豬、狗和牛，並且有不同的狀聲詞，讓小孩子在吟唱時可以學習到不同動物的叫聲。還有類疊，同一個字詞或語句，在語文中接二連三地反復出現的修辭方法。類疊可分成四類：疊字、類字、疊句、類句四類。（沈謙，2000：423）如〈星〉：

星

千顆星，萬顆星，

點點星，點點明，

一閃一閃耀眼睛，

閃閃爍爍看不清。

（蔣風，1992：62）

這首兒歌裡的「點點」、「閃閃爍爍」，就是屬於類疊中的疊字。排比，它是用結構相似的句法，接二連三地表達同範圍同性質的意象的修辭方法。依語言結構可分「單句的排比」與「複句的排比」。（沈謙，2000：480）如〈大頭〉：

大頭

大頭大頭，下雨不愁，

人家有傘，我有大頭。

（全球華文網路教育中心，2010）

最後兩句「人家有傘，我有大頭」，屬於單句排比。反復，這種修辭法，與疊字一樣都屬於複疊（黎老師中文教室，2010），在張楊的〈析中文兒歌中「反復」手法的運用〉說到反復有字詞的反復、句子反復、段落反復，同樣地在英文兒歌也可以見到反復手法的運用（張楊，2009），如 Ten Little Indians：

Ten Little Indians

One little, two little, three little Indians,

Four little, five little, six little Indians,

Seven little, eight little, nine little Indians,

Ten little Indian boys.

（曾雅青，2006：74）

這首兒歌就不斷重複了 little 和 Indians，這樣反復可以製造一種簡純的快感。

上述是在兒歌中常見的修辭舉例，就製造意象來說，以比喻和象徵兩種修辭手法最為重要。比喻和象徵，這兩種很容易搞混。譬喻，又稱比喻，也就是俗稱的「打比方」，是最常見的修辭方法。簡單的說，就是「借彼喻此」。通常是以易知說明難知，以具體形容抽象，以警策彰顯平淡。象徵有分普遍的象徵和特定的象徵。普遍的象徵，放諸四海皆準，可以獨立存在，不受上下文限制。如以國旗象徵國家，十字架象徵基督教等。特定的象徵，得受作品上下文控制，在作者的刻意設計安排下，在一定的場景與氣氛中，某項事物含蘊特殊的象徵意義，如朱自清〈背影〉以朱紅色的橘子象徵父愛。（沈謙，2000：3，220）簡單說來，比喻是以甲比乙，意義在乙；象徵則是以甲比乙，甲乙都有意義，甚至還可以延伸到丙、丁、戊等。（周慶華，2001：140）以中西兒歌來比較的話，何者較長於比喻？何者較長於象徵？就表 4-1-2 和表 4-1-3 中的例子來比較的話，應該不難看出中西的差異。〈虹彩妹妹〉中的「櫻桃小嘴」，小嘴似櫻桃，屬於明喻，倒數第二段「三月裡來桃花開，翩翩蝴蝶尋春來，飛上飛下多恩愛，我們倆也要恩恩愛愛。」裡的「蝴蝶」象徵情侶，而「春」象徵愛情；最後一段的「八月中秋月正圓，家家戶戶慶團圓」裡的「月」象徵團圓。在這首兒歌中，就用到了三個象徵。與這首兒歌相比較的 Pretty Little Dutch Girl 裡，看不到象徵的意象，不過在倒數第二句 With pickles for his toes and a cherry for his nose（酸黃瓜做腳趾，櫻桃做他鼻子），這句意思是腳趾長得像酸黃瓜，鼻子像櫻桃，沒有喻詞為「做」（近於「是」），則是屬於隱喻。

就〈外婆橋〉與 Hush Little Baby 來比較，〈外婆橋〉裡的「船兒搖到外婆橋」中的「船」象徵著搖籃，運用到象徵手法，整首歌沒有看到任何比喻；就 Hush Little Baby 來看，為了使寶寶入睡，用了一連串的物品來當作獎勵，歌詞裡用到了 mockingbird（仿聲鳥）、 diamond ring（鑽戒）、looking glass（鏡子）、billy goat（山羊）、cart and bull（牛車）、dog（狗）、horse and cart（馬車），最後點出就算馬車摔了，你仍是最受寵愛的小孩，歌詞中的物品都不屬於廉價之物，所以這首歌隱喻了小孩受到的萬般疼愛（省略喻詞，原為略喻；但略喻也是另一種形式的隱喻）。

在物方面的兒歌，就〈富士霸王〉和 Row, Row, Row Your Boat 來相比，歌詞如下：

富士霸王

彼台半世紀乜老古董
富士霸王載過阮阿公
老古董 載過阮阿爸
載阮小妹四界趖
請汝未駛看阮無

三輪車坐阿舍
一支雙管乜富士霸王
親像小貨車
載過青菜和豬隻
警察看著超載嘛勿會掠

富士霸王乜古董車
載阮小妹騎落崎
親像李羅車
拼命咧飆車
踏著風火輪
親像李羅車未輸拼命咧飆車

（陳銘民，2002：3）

整首歌以「富士霸王」來貫穿，象徵古董腳踏車，只有最後的「親像李羅車」，意思是好像李哪吒，有喻詞「像」，屬於明喻。

Row, Row, Row Your Boat

Row, row, row your boat

Gently down the stream,

Merrily, merrily, merrily, merrily,

Life is but a dream.

划，划，划小船，順流而下，

歡樂的，歡樂的，歡樂的，歡樂的，

人生只是一場夢。

（曾雅青，2006：40）

這首兒歌的最後一句 Life is but a dream 人生只是一場夢（曾雅青，2006：40），but 意思為「只是」，屬於比喻中的隱喻。

就這三組兒歌來統計，〈虹彩妹妹〉用到一個明喻，三個象徵，Pretty Little Dutch Girl 用了兩個隱喻；〈外婆橋〉用了一個象徵，Hush Little Baby 整篇運用隱喻；〈富士霸王〉裡有一個象徵，一個明喻，Row, Row, Row Your Boat 用了一個隱喻。從以上數字看來，中國的兒歌較長於象徵，而西方兒歌較長於比喻。以下是將上述比較內容整理表格如下：

表 4-2-1　中國兒歌裡的比喻與象徵

修辭技巧 中國兒歌名稱	比喻	象徵
〈虹彩妹妹〉	櫻桃小嘴——明喻	蝴蝶——象徵情侶 春——象徵愛情 月——象徵團圓
〈外婆橋〉	無	船——象徵搖籃
〈富士霸王〉	親像李羅車——明喻	富士霸王——象徵古董腳踏車

表 4-2-2　西方兒歌裡的比喻和象徵

西方兒歌名稱＼修辭技巧	比喻	象徵
Pretty Little Dutch Girl	With pickles for his toes and cherry for his nose	無
Hush Little Baby	mockingbird, diamond ring, looking glass, billy goat, cart and bull, horse and cart	無
Row, Row, Row Your Boat	Life is but a dream	無

第三節　中西兒歌的旋律節奏安排

兒歌所以可以傳唱，就是因為歌詞和旋律節奏安排之間安排得當。在前兩節，我探討分析過了兒歌的取材及意象，本節將重點聚焦在兒歌的旋律節奏安排並比較中西兒歌在旋律節奏安排上有無明顯的差別。Pearl 提到：「Besides, there were four shared features between speech and song. First, they both used the human voice. Second, the human auditory mechanism was shared for both. Third, both behaviors played a part in human socialization and interaction. Finally, they played substantial role in cognitive development.」（Pearl，2001）這裡提到，說話和唱歌有四項共同的特徵：第一，都用到人們的嗓音；第二，都使用到人們的聽覺系統；第三，這二者（說話和唱歌）在人們的社會化和互動中佔了一席之地；第四，這二者在認知發展中也扮演了必要的角色。

在一首歌中，節奏是最基礎的元素。情感的最直接表現是聲音節奏，文字意義所不能表現的情調常可以用聲音節奏表現出來。（姚敏，2007：139）回憶小學的音樂課，我們也是從打節奏開始來練習韻律感。在維基百科中，有關節奏的定義為：是一種以一定速度的快慢的節拍，主要是運用速度上的快慢和音調上的高低把它們組合到一起。例如，2/2 拍就是強弱拍，也就是我們常聽到的「嘭恰」，那麼 3/4 拍是強弱弱，也就是「嘭恰恰」。我們常聽到的圓舞曲大部分就都是 3/4 拍的了，4/4 拍是強弱漸強漸弱。節奏可以獨立被欣賞，例如鑼鼓演奏。節奏也可以成為旋律音樂的骨架。節奏的組成：（一）模式的規則與不規則；（二）聲音的長短；（三）聲音的強弱；（四）聲音的有無。（維基百科，2010）而有關旋律的定義為：是由一系列不同音高（也可以是相同的）的音以特定的高低關係和節奏關係聯繫起來的一種音的序列。旋律對於人的聽覺感官來說相當於視覺感官中的線條的概念。旋律是體現音樂作品的思想感情的主要元素之一。旋律進行中出現的高高低低的音透過節奏的變換形成的一種線條性的錯落組織，叫作旋律線，將樂譜中的音高位置用線條連接起來，就是一條形象的旋律線。也就是說，旋律是和節奏緊密聯繫的。一般來說，上行的旋律逐步傾向於緊張，而下行的旋律逐步傾向於放鬆。（同上）該定義中有一句：「旋律對於人的聽覺感官來說相當於視覺感官中的線條的概念」，本節也會運用線條圖來表示兒歌的旋律性。

中英文在語音上本來就有差別，與英文比較起來，中文的特殊性是在於聲調，而英文只有輕重音的區別。「聲調」是語音高低升降的表現，也跟聲音的久暫有關。所以構成聲調的因素有二：主要的是「音高」，次要的是「音長」。現在記錄漢語聲調最實用的方法，當推趙元任的「五度制調值標記法」，這方法已經為國際語音學界正式採用。記載調值的方法是：最低的音記 1 度，次低音記 2 度，中度音記 3 度，次高音記 4 度，最高音記 5 度。北平話的四聲調值就是陰平：55：，陽平：35：，上聲 214：，去聲 51：(國立臺灣師範大學國音編輯委員會編，1982：223～226)。英語是拼音文字，每個英文字都是一個和一串「音」的組合，而這些音大致可以分成子音（consonants）和母音（vowels)。這些音有很多的組合而形成每個英文字，而組成的英文字有單音節、雙音節、多音節的不同。（臺中女中 GIS 暨旅遊中心，2010）因為在語音上有這樣的差距，所以在與音符節奏的搭配下，就會製造出差異來。瀏覽了多首兒歌後，發現節奏最多的是以四四拍、二四拍的歌曲最多，在這裡以相同節奏的兒歌來作比較。

如再以四四拍的〈虹彩妹妹〉為例，這首兒歌為四四拍，也就是一個小節有四拍，四分音符為一拍，在吟唱這首歌時，因為節奏的強弱，以及聲調的不同。造成了旋律的高低起伏明顯，依照音符所繪製的曲線圖如下：

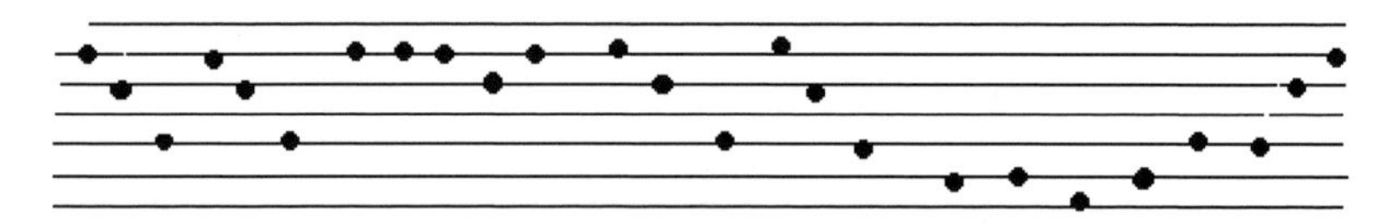

圖 4-3-1　〈虹彩妹妹〉旋律曲線圖

歌曲節拍如下（以踢、塔、嗯聲音來表示，踢代表半拍，塔代表一拍，嗯代表休息）：

塔踢踢　塔踢踢　踢塔踢塔　嗯　踢塔踢塔　嗯
塔踢踢踢踢踢踢　踢塔踢塔　嗯　塔踢踢踢踢塔
塔塔塔踢踢　踢踢踢踢塔塔

同為四四拍的英文兒歌 Mary Had a Little Lamb，旋律圖如下：

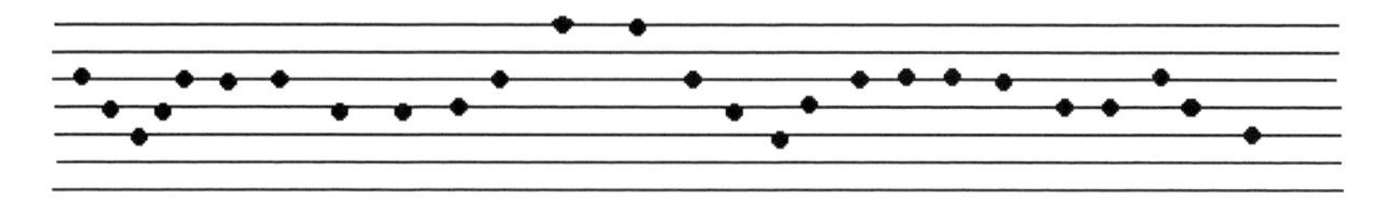

圖 4-3-2　Mary Had a Little Lamb 旋律曲線圖

歌曲節拍如下：

塔啊踢塔塔　塔塔塔嗯　塔塔塔嗯　塔塔塔嗯
塔啊踢塔塔　塔塔塔塔　塔塔塔塔　塔啊啊　嗯

就以上這兩首兒歌來比較，〈虹彩妹妹〉節奏變化較多，旋律線呈現出較多的弧度，Mary Had a Little Lamb 的音符變化較少。

同樣也是屬於輕快的 Ten Little Babies，是由 Ten Little Indians 改編的，曲調相同，歌譜如下：
這首兒歌為二四拍，一個小節有兩拍，二分之一音符為一拍，曲線圖如下：

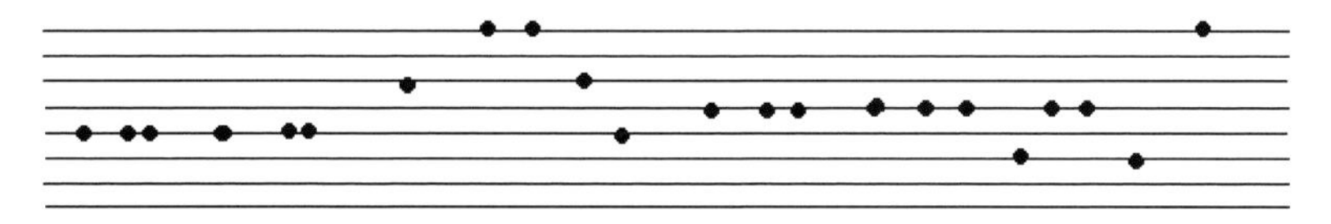

圖 4-3-3　Ten Little Babies 旋律曲線圖

節拍如下：

塔踢踢　塔踢踢　塔　踢踢　踢踢　塔
塔踢踢　塔踢踢　塔　踢踢　踢踢　塔
塔踢踢　塔踢踢　塔　踢踢　踢踢　塔
塔踢踢　踢踢　塔　塔啊

同樣是二四拍的閩南語歌謠〈點仔膠〉，由施福珍所作的詞曲，歌詞如下：

點仔膠

點仔膠，黏著腳，
叫阿爸，買豬腳
豬腳箍，滾爛爛，
餓鬼囝仔流嘴瀾。

（周淑卿編，2008：10）

旋律圖如下：

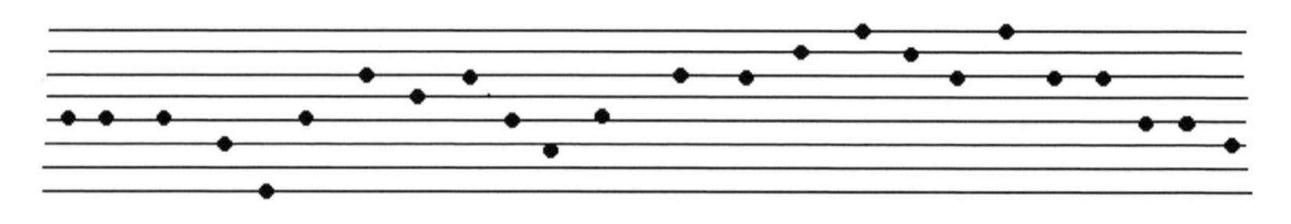

圖 4-3-4　〈點仔膠〉旋律曲線圖

〈點仔膠〉節拍如下：

踢踢塔　踢踢塔　踢踢塔　踢踢塔　踢踢塔
踢踢　踢踢　踢踢塔　踢踢　踢踢　塔　塔　塔塔

從旋律圖來看，〈點仔膠〉這首歌謠的起伏性仍比英文的 Ten Little Indians 來的大。Ten Little Indians 有一些小節都是運用同一個音，所以會有直線性的旋律，以致起伏性較小。就節奏來說，兩首歌的節奏都有重複的地方，可是 Ten Little Indians 整首歌幾乎同是同樣的節奏，變化比〈點仔膠〉來的少。

以這兩組兒歌來比較的話，我們可以歸納：中國兒歌的起伏性大，旋律線較多起伏，節奏變化也較多；而英文兒歌起伏性小，節奏變化少，唱起來旋律會比較平直。也是由於英語的特性只有輕重音，沒有聲調，兒歌唱起來會顯得比較高亢，節奏也會比較快；反觀中國兒歌，因為我們的語音有四聲聲調，每個音不念完整的話，就沒有辦法像唸英文速度這麼快，而且音符和聲調搭配起來，自然會呈現波浪型的旋律線。

第四節　中西兒歌的和樂特徵

在第三章兒歌的界定中，有探討兒歌與童謠的不同，兒歌可唱，童謠是沒有入樂的。詩歌中，曲調之體現有賴用韻及句式二者，三者不離分，此為音樂性追求之特點。同時音樂性（形式美）之追求和文學性（內容美）也無法離分，此為詩歌藝術之共通。但古典詩歌音樂性較重曲調、音色表現，而現代詩特重節奏因素。（林淑珍，2003）本節將中國的童謠和英文的韻文，都是利用本身的押韻和句法，來製造節奏感以及唸誦的樂趣。又因為押的韻不同、句法不同、所以每首童謠唸起來的感覺是很不同的，也製造出其音樂性。即使沒有配上音符，仍有歌曲的感覺，唸起來是像交響樂？抒情樂？還是熱門樂？交響樂給人澎湃、有振奮人心的效果；抒情樂給人舒服，有療傷的功能；熱門樂則是節奏強烈、讀起來有一種宣洩的效應。本節將利用這三種音樂類型來給中西的童謠韻文來作分類，並且歸納中西的韻文各偏向哪種音樂類型。

以〈小老鼠上燈臺〉為例：

小老鼠上燈臺

小老鼠，

上燈臺，

偷油吃，
下不來。
咪咪咪！
貓貓來，
乒乒乓乓滾下來。

（蔣風，1992：126）

這首童謠的句式整齊，韻腳為「ㄞ」，三三三的句法，讓人讀起來有輕快的感覺，最後一句屬於四三句法，和前面的句式不同，給人驚奇意外的效果，但也不至於太突兀。整首歌謠讀來讓人感到快樂俏皮，最後一個字「來」，屬於平聲，有餘韻無窮感，可歸類為「抒情樂」。

又以〈五指歌〉為例：

五指歌

一二三四五，
上山打老虎，
老虎打不到，
碰到小松鼠。
松鼠有幾隻？
讓我數一數，
數來又數去，
一二三四五。

（蔣風，1992：137）

〈五指歌〉押「ㄨ」韻，句式比前一首來得更整齊，五字一句，每一句的句法可分成，「一二三四五」五字為一組，「上山打老虎」

可分成二三句法（上山＋打老虎），「老虎打不到」也是二三句法，「碰到小老鼠」為二三，「松鼠有幾隻」為二三，「讓我數一數」也是二三，「數來又數去」為二三，最後再以「一二三四五」結尾，有前後呼應的效果。唸起來也是簡單輕鬆，節奏輕快，也是屬於抒情樂。

又以〈一的炒米香〉為例：

一的炒米香

一的炒米香，
二的炒韭菜；
三的沖沖滾，
四的炒米粉；
五的蒸蝦米，
六的做大官；
七的站著看，
八的剩一半；
九的火燒山，
十的蚵仔煮麵線。

（馮輝岳，1998：55）

這首閩南語的童謠，總共十句，一到十，是兒童配合動作的遊戲類的歌謠，句式整齊，每一句的句法都為二三句法，最後一句為二二三。三四句押「ㄣ」韻，五六七八九句押「ㄢ」韻，由於閩南語的語調較重，所以唸起來節奏感較重，有抒情樂偏熱門樂的感覺。歸納以上三首中國兒歌，音樂性還是以抒情樂為主，只有〈一的炒米香〉這首閩南語童謠有些偏熱門樂。

英文的韻文的音樂性又如何表現呢？以 Five Little Monkeys 為例：

Five Little Monkeys

Five little monkeys jumping on the bed
One fell down and bumped his head
Mama called the doctor
And the doctor said, "No more monkeys jumping the bed."

Four little monkeys jumping on the bed
One fell down and bumped his head
Mama called the doctor
And the doctor said, "No more monkeys jumping the bed."

Three little monkeys jumping on the bed
One fell down and bumped his head
Mama called the doctor
And the doctor said, "No more monkeys jumping the bed."

Two little monkeys jumping on the bed
One fell down and bumped his head
Mama called the doctor
And the doctor said, "No more monkeys jumping the bed."

One little monkey jumping on the bed
One fell down and bumped his head
Mama called the doctor
And the doctor said, "No more monkeys jumping the bed."

(NIEHS KIDS' PAGES, 2010)

由於英文有輕重音的特性，每一句唸起來有強弱強弱的起伏，節奏很分明。例如第一句 Five little monkeys jumping on the bed，唸起來就為「強弱強弱強弱強」。這首韻文的句式也很整齊，不過不是每一句都字數相同，可是因為強弱的起伏唸起來不致於不流暢，這首亦有抒情熱鬥兼具的音樂性。

又以 One, Two, Buckle My Shoe 為例：

One, Two, Buckle My Shoe

One, two, buckle my shoe,

Three, four, shut the door,

Five, six, pick up sticks,

Seven, eight, let them straight,

Nine, ten, a big fat hen.

（國光國小，九年一貫英語學習網，2010）

這首韻文很特別的地方是在於除了 seven 這個字有兩個音節，其餘都是為單母音的字，所以唸誦起來每個字都會很重，在強弱的分配上都為「強強強強強」。整篇看起來，如果單看最後一個字，是沒有韻腳；但如果從每一句單獨來看，第二個字和最後一個字是有押韻的，像第一句的 two 和 shoe，第二句的 four 和 door，第三句的 six 和 sticks，第四句的 eight 和 straight，最後一句的 ten 和 hen。又因為重音的關係，讀起來有熱鬥樂的感覺。

又以 Georgie Porgie 為例：

Georgie Porgie

Georgie Porgie, pudding and pie,

Kissed the girls and let them cry.

When the boys came out to play,

Georgie Porgie ran away.

（國光國小，九年一貫英語學習網，2010）

這首韻文有兩個韻腳，pie 和 cry，play 和 away，強弱的分配為「強弱強弱強」。最後一句字數減少，所以唸的時候為了和前面的節拍相同，需要放慢一點。整首的感覺為抒情樂的音樂性。綜合以上中西兒歌的音樂性來看，可製作成下例表格：

表 4-4-1　中西兒歌韻文和樂特徵

音樂類型 中西兒歌	交響樂	抒情樂	熱門樂
中國兒歌韻文	缺	如： 〈小老鼠上燈臺〉 〈五指歌〉 〈一的炒米香〉	〈一的炒米香〉(抒情偏熱門)
英文兒歌韻文	缺	如： Five Little Monkeys One, Two, Buckle My Shoe George Porgie	Five Little Monkeys（抒情偏熱門）

中西兒歌在和樂特徵上大多屬於抒情樂，乍看之下沒什麼太大的差異，但就審美類型來看的話，卻可以看出來細部的不同。依美感類型來分，兒歌的美感屬於前現代的模象美（周慶華，2007：252），模象美又分成優美、崇高、悲壯。就以上比較的和樂特徵來說，兒歌屬於抒情樂，且兒歌韻文的句式整齊，在美感上屬於優美。優美是指型式的結構和諧、圓滿，可以使人產生純淨的快感（詳細審美類型以及細部的比較，會在第五章詳述）。這裡的和樂特徵可

以扣合到第二節的中西意象，中國屬於抒情寫實，西方屬於敘事寫實。中國兒歌的聲調，在結尾時，習慣用平聲或上聲（聲調的第二聲和第三聲），不用去聲或入聲結尾，因為去聲或入聲給人斷然結束沒有餘韻無窮感，就像門上的春聯，下聯的最後一個字，一定是平聲或上聲，如「天增歲月人增壽，春滿乾坤福滿門」、「炮竹一聲除舊歲，萬戶同慶迎新春」、「千祥雲集家聲遠，百福年增事業長」等（春聯，2010）。以平聲或上聲韻結尾，有溫慰人心的功用和盪氣迴腸的效果，猶如氣化觀型文化下的氣的流動；西方的英文兒歌，因為輕重音製造出的強弱強弱分別，多半又以強聲結尾，歌詞內容且屬線性思維，有激勵人心的效應。所以中西兒歌雖然都屬抒情樂，但因為美感類型的不同，仍顯示出了二者的差異。

第五章　中西兒歌的審美特徵差異透視

第一節　審美類型

每一種藝術作品都有它的美感，每個人欣賞一件藝術作品的角度也不同，一幅畫會因為它的用色、光影、人的心境來決定它的美感；一首曲子，會因為旋律、節奏、甚至是時間來判斷它是否具有感動人心的美；一篇文學作品，可能因為修辭、用字、讀者的價值觀來決定這篇文章的美。美，會因為欣賞者的角度不同而改變，也會因為不同類型的藝術作品而有不同美的標。一個作家是把他的美感隱寓於喜怒哀樂的意象中用語言或其他記號來表達；而欣賞者就相反，從那記號上用心還原那喜怒哀樂的意象，也就在那還原的意象中你享受那美感……所以從這樣的事實看來，文學的極致價值雖然關係於美的經驗、美的感情，但那感情的品質又跟所經驗的材料息息相關。（王夢鷗，1976：249～251）由此可知，美的經驗在欣賞一篇作品上是很重要的。

所謂「『美學的』」這個詞有廣義和狹義的用法。它可以用來指稱某件藝術作品相對於它的內容的形式或構成，指涉一貫的藝術哲學，或是指整體文化的藝術向度。『美學』則是指對於上述於任何一項或全部事物的研究。不過，傳統上美學主要關切的是美的本質、感知及判斷。【布魯克（P. Brooker，2003：3)】美學方法，是指評估語文現象或以語文形式存在的事物所具有的美感成分

（價值）的方法。（周慶華，2004a ：132）這種方法的形成，大體上是緣於相對認知取向和規範取像兩種方法論類型來說的審美取向這一種方法論類型所有的欲求。以下是九大美感類型作為美學的對象：

表 5-1-1　審美類型

	類型	細項	說明
美	模象美（前現代）	優美	形式的結構和諧、圓滿，可以使人產生純淨的快感。
		崇高	形式的結構龐大、變化劇烈，可以使人的情緒振奮高昂。
		悲壯	形式的結構包含有正面或英雄性格的人物遭到不應有卻又無法擺脫的失敗、死亡或痛苦，可以激起人的憐憫和恐懼等情緒。
	造象美（現代）	滑稽	形式的結構含有違背常理或矛盾衝突的事物，可以引起人的喜悅和發笑。
		怪誕	形式的結構盡是異質性事物的併置，可以使人產生荒誕不經、光怪陸離的感覺。
	語言遊戲美（後現代）	諧擬	形式的結構顯出諧趣模擬的特色，讓人感覺顛倒錯亂。
		拼貼	形式的結構在於表露高度拼湊異質材料的本事。
	超鏈結美（網路時代）	多向	指形式的結構鏈結著文字、圖像、聲音、影像、動畫等多種媒體。
		互動	指形式的結構留有接受者呼應、省思和批判的空間，可以引發人參與創作的樂趣。

資料來源：周慶華，2007：253

兒歌屬於兒童文學，而兒童文學又屬於文學的一環，所以本章將以通用性的美學方法來評估及欣賞兒歌。在第四章第四節有比較中西兒歌的和樂特徵，兒歌多屬於抒情樂，就上述的表格定義來看，兒歌歌詞內容多屬於前現代的優美類型，也有少數的崇高類型，本章會著重比較同屬於優美、崇高類型的中西兒歌在內部上有何不同。此外，更進一步討論有改編後的基進類型的中西兒歌又有何不同。這樣的成果，或許可以成為新的欣賞兒歌的視角。

第二節　中西兒歌的崇高審美特徵的差異

根據前一章的審美類型，崇高，指形式結構龐大、變化劇烈，可以使人的情緒振奮高昂。兒歌訴諸於聽覺，所以在旋律、歌詞上，都屬於句式整齊、用字簡單，因此在結構上是和諧的；而歌詞內容為了讓兒童有所學習，也都屬於正向、健康的。它的形式上是結構和諧、圓滿，可以使人產生純淨的快感，所以多屬於優美類型。但是仍有一些是處於優美偏向崇高的例子，例如白景山的〈只要我長大〉：

只要我長大

哥哥爸爸真偉大名譽照我家
為國去打仗當兵笑哈哈
走吧走吧哥哥爸爸家事不用你牽掛
只要我長大只要我長大

叔叔伯伯真偉大榮光滿天下
救國去打仗壯志賽奔馬
走吧走吧叔叔伯伯我也挺身去參加
只要我長大只要我長大

街坊鄰家真偉大造福給大家
奮勇去殺敵生死全不怕
幹吧幹吧街坊鄰家我也要把敵人殺
只要我長大只要我長大

革命軍人真偉大四海把名跨
拚命去殺敵犧牲為國家
殺吧殺吧革命軍呀我也要把奸匪殺
只要我長大只要我長大

（魔鏡歌詞網，2010）

在小學的音樂課本裡，只有第一段的歌詞，其實歌詞總共有四段，是在 1950 年，中華文藝獎金委員會舉辦徵曲比賽，白景山以這四段歌詞獲得第一名；更在 1952 年收於《新選歌謠》，迄今仍傳唱四方。（維基百科，2010）1950 年，相當於民國 39 年，當時政府剛播遷來臺不久，一心想著反共，臺灣政府當時成立了「中華文藝獎金委員會」與「軍中文藝獎」，以致反共文學成為當時的代表性文學的潮流。（同上，2010）兒童是未來的主人翁，在兒歌中注入了反共的思想，希望長大後可以奮勇殺敵，或許是他們當初的用意。這首兒歌的形式整齊、旋律簡單，形式上可屬於優美類型；在內容上，感情從第一段到第四段可以說是層層推高，從一開始的「哥哥爸爸」，到「叔叔伯伯」、「街坊鄰家」、「革命軍人」，由自己家人擴展出去，歌詞裡的「奮勇去殺敵生死全不怕」、「拚命去殺敵犧牲為國家」，創造出英雄形象，在內容上是偏向崇高的。

西方的英文兒歌的長度並不長，如果有分好幾段，除了旋律重複外，也有一些固定的字句會重複，在形式上都可以算是優美，偏向崇高的部分則是因為歌詞內容，例如：Joy to the World：

Joy to the World

Joy to the world, the Lord is come.

Let earth receive her King.

Let every heart prepare Him room,

And heaven and nature sing,

And heaven and nature sing,

And heaven, and heaven and nature sing.

Joy to the earth, the Savior reighs.

Let men their songs employ,

While fields, floods, rocks, hills, and plains

Repeat the sounding joy,

Repeat the sounding joy,

Repeat, repeat the sounding joy,

He rules the world with truth and grace

And makes the nation prove

The glories of His righteousness

And wonders of His love,

And wonders of His love,

And wonders, wonders of His love.

普世歡騰，救主降臨！

人間歡迎救主；

萬心為救主預備地方，

宇宙萬物歌唱，

宇宙萬物歌唱，
宇宙，宇宙萬物歌唱。

大地歡騰，主治萬方！
萬民高聲頌揚；
田野，江河，山崗，平原，
響應歌聲嘹亮，
響應歌聲嘹亮，
響應，響應歌聲嘹亮。

主以真理，恩治萬方，
要在萬國民中，
彰顯上主公義榮光，
主愛奇妙豐盛，
主愛奇妙豐盛，
主愛，主愛奇妙豐盛。

（黃朝萍，2004：35）

這首 Joy to the World 共分三段：每段押的韻不同，第一段的韻腳為 King, sing，第二段的韻腳為 employ, joy，第三段則為 prove, love，每一段的後三句都為重複句，雖然每一段不同，但句式都算整齊，形式上是優美的；在內容上為稱讚主的偉大、主的愛與恩典，層層推高：第一段為救世主降臨，萬心為其預備，第二段說到救世主降臨後，萬物歡騰，第三段說到救世主以真理治理萬方，在祂治理的地方都可以彰顯榮光，而且主的愛是奇妙且豐盛的。從這些點來看，內容偏向崇高。

這兩首中西兒歌都屬於抒情偏向崇高，形式上有些類似的地方，都有分段，內容情感上都是層層推進，歌詞中的主角都是男性，

〈只要我長大〉裡的哥哥爸爸、叔叔伯伯、革命軍人都是男性；Joy to the World 裡的 King 是為 Him，最後一段的開頭是 He，可見男性在中西世界中的優越。除了形式上的不同，細部內容也是有差異的，〈只要我長大〉的哥哥爸爸，是屬於家人部分，是以家庭為單位往外擴展，而 Joy to the World 是歌頌救世主，上帝，這就是文化上的不同。我們的文化強調家庭，強調團體；而西方是個人主義，終極信仰是為上帝，所以雖然同屬優美偏崇高的類型，但是歌頌的對象不同，造成了其間的差異，而文化上表現的不同，會在第六章詳述。

第三節　中西兒歌的優美審美特徵的差異

屬於優美類型的兒歌不勝枚舉，舉凡我們常唱的兒歌都是屬於優美類型。而同屬於優美類型的中西兒歌，在形式上、內容上、或者是技巧上又有何不同？在第四章有比較過中西兒歌的取材、意象、旋律、和樂特徵等，也依不同類型的兒歌來作比較，本節則以動物類的兒歌來分析中西兒歌在審美特徵上的差異。

以〈白貓黑貓〉為例：

白貓黑貓

廟外頭一隻白白貓，
廟裡頭一隻黑黑貓，
黑黑貓背白白貓，
白白貓背黑黑貓。

（全球華文網路教育中心，2010）

這首兒歌屬於參差式，前兩句九個字，後兩句七個字，用字精簡，押「ㄠ」韻，也可以說都是以「貓」字結尾。而且黑白顏色分明，在畫面上有很明顯的對比，乃屬於優美類型。

又以〈蠶寶寶〉為例：

蠶寶寶

蠶寶寶，真稀奇，
小時像螞蟻，
大了穿白衣，
吐出絲來長又細，
結成繭兒真美麗。

（蔣風，1992：124）

〈蠶寶寶〉也屬於參差式的兒歌，押的是「一」韻，簡單幾句便把蠶寶寶的一生描寫得很有趣味；最後一個字雖然為四聲，可是也替蠶寶寶的最重要的任務——結繭，當作是一個句點。

又以〈蝸牛〉為例：

蝸牛

鍋牛，鍋牛
房子背著走。
沒觸什麼，
身子伸在外頭；
碰著什麼，
趕快躲進裡頭。

（蔣風，1992：121）

這首也是參差式的兒歌，歌詞中的「房子」代表著鍋牛的殼，整篇有兩個韻腳，「ㄡ」、「ㄛ」，這兩個又是很相似的音，韻是可以互通的。篇幅雖然短小，但卻把蝸牛平常的形態描寫得活靈活現。

英文兒歌以 Three Blind Mice 為例：

Three Blind Mice

Three blind mice!
Three blind mice!
See how they run!
They all ran after the farmer's wife,
She cut off their tails with a carving knife;
Did you ever see such a sight in your life
As three blind mice?

（蘇正隆，1987：35）

三隻瞎老鼠，三隻瞎老鼠，
瞧瞧牠們如何跑！
牠們都追著農夫太太跑，
她用小刀切掉了牠們的尾巴，
你曾經看過像這三隻瞎老鼠的這般景象嗎？

（研究者自譯）

這首兒歌的韻腳為「-ice」，歌詞的陳述像是一篇小故事，讓讀者有感到動態的畫面出現。前後的句子較短，中間的句子較長，讀起來仍有其協調性，也屬於優美類型。

又以 Little Bunny Foo Foo 為例：

Little Bunny Foo Foo

Little bunny Foo Foo
Came hopping through the forest,
Scooping up the field mice,
And bopping them on the head.
Then down came the Good Fairy, and she said,
"Little Bunny Foo Foo,
I don't want to see you
Scooping up the field mice
And bopping them on the head."
"I'll give you three chances,
And if you don't behave
I'll turn you into a goon!"
*Repeat!

小兔子富富，在森林裡蹦跳，
挖出那田鼠，拍他們的頭。
善良仙女來了說：
「小兔子富富，我不想看你挖出田鼠拍他們的頭。」
「我給你三次機會，你要是不乖乖，我就把你變成呆呆。」
＊重複！

（黃朝萍，2004：23）

這首兒歌的句式長長短短，和上一首 Three Blind Mice 的形式相似，都像是在說一則故事，雖然句式不一，但是有些段落的重複，還有音節強弱的分配，唱起來和諧自然。最後重複的意思是，唱第二遍時，唱到小天使講的話 I'll give you three chances，將 three

改成 two，再唱到第三遍時，就變成 one，讓兒童吟唱時有重複性的目標，增加趣味，也可練習倒數。

又以 Baa Baa Black Sheep 為例：

Baa Baa Black Sheep

Baa baa black sheep,
Have you any wool?
Yes sir, yes sir,
Three bags full.
One for my master,
One for my dame,
And one for the little boy
Who lives down the lane.

(Just Playing-Nursery Rhymes and Silly Stuff, 2010)

咩，咩，黑綿羊，
你有任何羊毛嗎？
是的，先生，
我有滿滿的三袋，
一袋是給我的主人，
一袋是給女主人，
還有一袋是給住在巷子底的小男孩。

（研究者自譯）

這首兒歌有兩個韻腳，一組是 wool 和 full，尾音都是 l；另一組則是 dame 和 lane，母音都為 a_e 這個長母音。和前面兩首都有同樣的問答形式。這首兒歌還加了狀聲詞 baa baa 來描摹羊的叫聲，更增加了吟唱的趣味。這首兒歌的形式也屬於優美類型。

看了以上六首兒歌，中西各三首兒歌，在取材都屬於動物類，在審美類型上也都屬於優美類型，但細看其內容，還是有其差異性：這中國的三首兒歌〈白貓黑貓〉、〈蠶寶寶〉、〈鍋牛〉都是以動物本身去描寫，寫出牠們的動作、顏色、習性，在修辭技巧上；直述法佔了較大部分，反觀英文兒歌，並沒有敘述這些動物的特點，而用到了擬人的手法，並且運用了想像力去製造出人與物的互動。在內容的邏輯上，可以運用到第四章第二節意象運用的觀念，中國屬於抒情寫實，對於外在事物給予的刺激，立即作出回應，所以會有像前面作品中的句子，如「蝸牛，蝸牛，房子背著走，沒觸什麼，身子伸在外頭，碰著什麼，趕快躲進裡頭」，或者是「蠶寶寶，真稀奇，小時像螞蟻，大了穿白衣……」，都是直接觀察，加入自己的感覺將它寫下。而西方的英文兒歌則為線性思維，具有邏輯性，兒歌中都像是一則故事，有前因後果，且知道發揮想像力，尤其在 Little Bunny Foo Foo 中更可以看到想像力的運作：一隻小兔子跳進森林裡將土裡的田鼠挖出來，還拍了拍牠的頭，後來小天使出現了，勸告小兔子說不可以再這麼做了，不然將會受到變成一隻呆兔子的懲罰，這不就是想像力的展現嗎？有哪一隻兔子會到森林裡將田鼠挖出來呢？還有 Baa Baa Black Sheep 中，這隻黑色綿羊可以告訴他人要將羊毛如何分配，其中一包要分給住在巷子底的小男孩，可見這隻綿羊可能和這個小男孩有很好的交情，從這裡也可以看出英文兒歌中的想像力。歸納起來，縱使中西都有屬於優美類型的兒歌，可是在敘述方面卻出現了細部的差異。

第四節　中西兒歌的基進審美特徵的差異

基進（radical），就字面上的意思來說，是在基礎上往前進步，，也稱激進，是一種空間和時間的特殊的相對關係。它在被運用時，有衝破一切藩籬的效力和不拘格套的自主性。如呈現在空間關係上，它就反對一切傳統霸權式的空間佔領策略；而呈現在時間關係上，它也反對一切傳統霸權式的時間佔領策略。（傅大為，1991：代序 4）基進往往是基進者自我形容的詞彙，而極端或偏激則往往是權威保守者加諸基進者身上的標籤。這兩個詞常被懷抱不同意識形態的人用來形容一件相同的事物，表面看來有些類似，其實大不相同。理由是極端或偏激在被使用時，很容易讓人聯想到「不正常」；而社會上的一些「極端或偏激分子」往往也會被認為是情緒和心理不平衡、失調、甚至曾經受過傷害和打擊。相反的，「基進者的立場，既不可以用心理式的尺度來衡量，也不可以按生理成長式的標準來估計。根本上，他拒絕成為權威科學『職業性注視和診斷』下的一個 subject。一個基進者涉及到的是一個社會性、位置性和立場性的問題，而非心理、生理和態度的問題。基進者所尋求的是一些特別的社會空間和位置；它是在權威系統之外的自主性空間，它是一個可以擾亂、打破這整個權威系統的戰略位置」（同上，4）。基進式的兒歌就是以原本兒歌的基礎為底，改變歌謠的意涵，增加趣味或者增加讓人思考的空間。

以一首未題名的兒歌為例：

天這麼黑，風這麼大，
爸爸上班去，為什麼還不回家？

聽媽媽狂叫怒吼，

真叫人心裡駭怕！

爸呀，爸呀，有種就把阿姨帶回家！

（戴晨志，1998：5）

這首兒歌的原貌相信大家都很熟悉，就是我們小學時候收錄在國語課本裡的：

天這麼黑，風這麼大，

爸爸捕魚去，為什麼還不回家？

聽狂風怒號，

真叫我們害怕！

爸爸，爸爸，

我們心裡多麼牽掛，

只要您早點回家，

那怕空船也罷！

我的好孩子，

爸爸回來啦，

你看船艙裡，

裝滿魚和蝦，

大風大浪不用怕，

快去告訴媽媽，

爸爸已經回家。

（魔鏡歌詞網，2010）

原本的歌詞內容是孩子們擔心在外捕魚的爸爸安危，希望他能平安回來團圓，哪怕是空手回家也罷；而經由改寫過的歌詞，讓人可以感受到家庭氣氛並不和睦，或許摻雜了夫妻吵架、家庭暴力、爸爸外遇，最後一句是「神來一筆」，把整個世界攪動翻新了一回。（周慶華，2004b：53）兩首相比較之下，中國人是以家庭為單位組成的社會，五倫裡也強調了父子有親、君臣有義、夫婦有別、長幼有序、朋友有信，希望和平，改寫後的兒歌無疑是打破了原有的人和觀念，也反映了部分現實社會的狀況。

在英文兒歌中也有些基進的例子，拿催眠歌來說，在前面我們可以看到西方的催眠曲，都是一心希望孩子好好的睡去，不管付出多少都願意，可是在《愛麗絲夢遊奇境記》裡記載了一位公爵夫人邊搖她的小孩邊唱的催眠歌：

狠狠地待你的孩子，
打噴嚏就抽他罵他；
他知道要這樣擺牌子，
連誰都要由他怕他。
〔合唱（ㄨㄠ！ㄨㄠ！ㄨㄠ！）〕

我狠狠地待我的乖乖，
打噴嚏就害他擠他；
他喜歡把胡椒蓋開開，
也沒誰來愛他理他！
〔合唱（ㄨㄠ！ㄨㄠ！ㄨㄠ！）〕

〔加樂爾（L. Carrol），1990：80〕

這首催眠曲有別以往的溫馨風格，極盡戲謔之能事。雖然字面上的感覺是充滿暴力，可是從「乖乖」這兩個字來看，這個公爵夫人還是愛她的孩子；她任由孩子擺牌子、把胡椒蓋開開，才會選擇要抽他罵他、害他擠他、狠狠地待他，應該是屬於反諷的手法，這樣形式的催眠歌也屬於基進類型。

在中國兒歌裡有一些顛倒歌和滑稽歌，也是屬於基進類型的兒歌，如〈古怪歌〉：

古怪歌

奇唱歌，
怪唱歌，
魚吹笛子蛋唱歌。
冬瓜敲大鼓，
黃瓜敲大鑼，
土牆嗡嗡叫，
房子蹦蹦跳。

（蔣風，1992：186）

又如〈聽我唱個顛倒歌〉：

聽我唱個顛倒歌

太陽從西往東落，
聽我唱個顛倒歌。
天上打雷沒有響，
地下石頭滾上坡；
江裡駱駝會下蛋，
山上鯉魚搭成窩；
臘月酷熱直淌汗，
六月暴冷打哆嗦；
姐在房中頭梳手，
門外口袋把驢馱；
鹹魚下飯淡如水，
油煎豆腐骨頭多；

黃河中心割韭菜，
龍門山上捉田螺；
捉到田螺比缸大，
抱了田螺看外婆，
外婆在搖籃裡哇哇哭，
放下田螺抱外婆。

（蔣風，1992：192）

這類的顛倒歌、滑稽歌顛覆了原有的邏輯，孩子們喜歡唱顛倒歌，也並非認識不清或語言顛倒，這完全是遊戲的趣味。它助長孩子們想像力的擴張，活潑促進了思想推考的能力，讓這些宇宙人生顛三倒四的擬想情境，大大開啟了孩子們心靈嬉戲的虹彩。（朱介凡，1993：284～285）

這些基進類型的兒歌的相同點是都打破了原有對兒歌既定的印象，顛覆了原有的邏輯，在敘述的方式上仍可以看出中西的差異。如在〈艾麗絲夢遊奇境記〉中公爵夫人唱的催眠曲，因為孩子打噴嚏所以要抽他罵他，因為他亂開胡椒罐，所以沒人來愛他理他，有這樣的因果關係，也符合了西方敘事寫實的線性、有邏輯的思維；中國的〈古怪歌〉、〈聽我唱個顛倒歌〉，每一句單獨來看，都是將生活上原本該有的順序顛倒，太陽原本由東方升起，改由西方升起；六月本來是炎熱的天氣，在這裡變成讓人直打哆嗦；整體看來，都是對外在的事物有所感應，而表現出來，再讓其原本的順序顛倒，仍為內感外應的敘述方式。在〈古怪歌〉和〈聽我唱個顛倒歌〉中，都可以看到很多的素材出現在歌詞中，彼此之間並沒有特定的關連性，從太陽寫到雷，再寫到駱駝、石頭、鯉魚……等等，就好像氣的流轉，從這裡流轉到那裏，也是我們氣化觀文化的反映。比較表如下：

表 5-4-1　〈艾麗絲夢遊奇境記〉催眠歌和〈古怪歌〉、〈聽我唱個顛倒歌〉比較

比較項目／兒歌曲名	敘事方式
《艾麗絲夢遊奇境記》催眠歌	敘事寫實，具有線性思維。
〈古怪歌〉、〈聽我唱個顛倒歌〉	抒情寫實，內感外應。

第六章　中西兒歌的文化背景差異發微

第一節　文化類型

「文化」一詞，或許無法詳細描述或精準的定義，但只要有另一種文化型態出現，就很容易讓人發現不同的文化差異。當今關於「文化」的定義，多以西方學界所採用的理論為主，並以英語作為解釋的語言。和其他大多數歐洲語系一樣，英語的「culture（文化）」是由拉丁文「colere」演變而來。當初 colere 這個字在拉丁文裡的定義有「居住」、「耕種」、「保護」等等。大約十五世紀時，「culture」一字剛傳入英國不久，英語的「culture」僅僅代表「耕種」的意義。到了十六世紀，「culture」就是「文明（civilization）」；也可以說，耕種的對象從自然的作物，擴展到了人類的心靈。而這延伸義自十六世紀到十九世紀早期，取代了英語「culture」的原義而成為其主要的定義。（陳瀅巧，2006：12-13）

到了約莫十九世紀中晚期後，「culture」的解釋則漸漸超越「文明」的範疇，而廣泛地指涉人類社會裡美學與智力的發展與發展的成果及各種具體的「文物」。也可以說，「文化」的意義又更進一步延伸到了對人類心靈耕種的結果，就是人類整體經過文明教養後，所收穫的文化果實。現今一般大眾對「文化」一詞的認識，也大多環繞在這樣的定義或此定義的衍生義上。而後，聯合國教科文組織為「文化」所下的定義為：「文化是一系列關於精神與物質的智能以及社會或社會團體的情緒特徵。除了藝術和文學，它還包含了生活型態與共同生活的方式、價值系統、傳統與信仰。」（陳瀅巧，2006：12-13）在此地學者的著作裡增補了對文化的定義：「文化是一個歷史性的生活團體（也就是它的成員在時間中共同成長發展的團體），表現它的創造力的歷程和結果的整體，當中包含了終極信仰、觀念系統、規範系統、表現系統和行統系統等。」（沈清松，1986：24）這個定義，包含幾個要素：（一）文化是由一個歷史性的生活團體所產生的；（二）文化是一個生活團體表現它的創造力的歷程和結果；（三）一個生活團體的創造力必須經由終極信仰、觀念系統、規範系統、表現系統和行動系統等五部分來表現，並在這五部分中經歷所謂潛能和實現、傳承和創新的歷程。

文化在這裡被看成一個大系統，而底下再分五個次系統。這五個次系統的內涵分別如下：終極信仰是指一個歷史性的生活團體的成員，由於對人生和世界的究竟意義的終極關懷，而將自己的生命所投向的最後根基，如希伯來民族和基督宗教的終極信仰是投向一個有位格的創造主，而漢民族所認定的天、天帝、道、理等等也表現了漢民族的終極信仰；觀念系統是指一個歷史性的生活團體的成員，認識自己和世界的方式，並由此而產生一套認知體系和一套延續並發展它的認知體系的方法，如神話、傳說以及各種程度的知識和各種哲學思想都是屬於觀念系統；規範系統是指一個歷史性的生活團體的成員，依據他的終極信仰和自己對自身世界的了解（就是觀念系統）而制定的一套行為規範，並依據這些規範而產生一套行為模式，如倫理、道德等等；表現系統是指一種感性的方式來表現該團體的終極信仰、觀念系統和規範系統等，因而產生了各種文學和藝術作品；行動系統是指一個歷史性的生活團體的成員，對於自然和人群所採取的開發或管理的全套辦法，如自然技術和管理技術等。（沈清松，1986：24-29）這五個次系統「整編」一下，它們彼此就暫且可以形成一個這樣的關係圖：

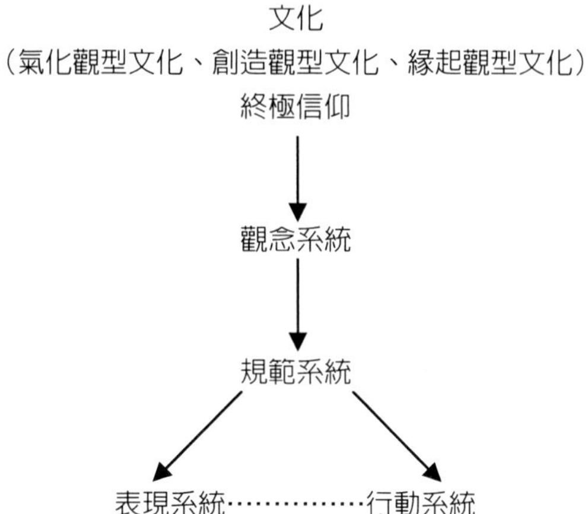

圖 6-1-1　三大文化次系統關係圖（資料來源：周慶華，2007：184）

全世界有這麼多的國家，每個國家都有不同的文化，不過大致上可分成三大系統：氣化觀型文化、創造觀型文化、緣起觀型文化。這三大文化系統表現在五個次系統的特色，可以歸納如下：

表 6-1-1　三大文化系統特色

文化	系統	終極信仰	觀念系統	規範系統	表現系統	行動系統
	創造觀型文化	神／上帝。	哲學（如形上學、認識論、邏輯學、倫理學等）、科學（如基礎學科、	以互不侵犯為原則。	以敘事／寫實為主，擴及新寫實、語言遊戲、網路超鍊結等。	講究均權、制衡／役使萬物。

			技術學科、應用學科)。			
	氣化觀型文化	道(自然氣化過程)。	道德形上學(重人倫/崇自然)。	強調親疏遠近。	以抒情/寫實為主。	勞心勞力分職/諧和自然。
	緣起觀型文化	佛/涅槃(絕對寂靜境界)。	緣起/性空觀。	自求解脫/慈悲救渡。	不棄文學藝術(以解離/寫實為主)但僅為筌蹄功能。	去治戒殺。

資料來源:周慶華,2005:226

這三系文化分別是屬於哪一方的國家?以西方國家來說,長久以來就混和著古希臘哲學傳統和基督教信仰,這二者都預設(相信)著宇宙萬物受造於一個至高無上的主宰,彼此激盪後難免會讓人(特指西方人)聯想到在塵世創造器物和發明學說以媲美造物主的風采,科學就這樣在該構想被「勉為實踐」的情況下誕生了,所以西方國家的文化總為創造觀型文化。反觀信守氣化觀或緣起觀的東方國家,它們內部層級人事的規畫安排或淡化欲求的脫苦作為,都不容易走上民主政治的道路。因為人既被認定是偶然氣化而成,自然會有「資質」的差異,接著必須想到規避「齊頭式平等」的策略以朝向勞心/勞力或賢能/凡庸分治或殊職的方向去籌畫,這就為氣化觀型文化。而一旦正視起因緣對所有事物決定性力量,就不致會耽戀塵世的福分和費心經營人間的網路,此為緣起觀型文化,以印度為主要表現的國家。同樣的,在後二系文化中科學發明沒有可以榮耀的對象,而「萬物一體」或「生死與共」的信念既已深著人心，又如何會去「勘天役物」而窮為發展科學？（周慶華，2007：187）。外國研究者也指出：In terms of pedagogical purposes, singing was a major method of learing culture value in the 1930s. (Dixon, 1991) It bridged two different cultures, and encouraged students to speak and listen to another language. (Steinhoff, 2003) 本研究是中西兒歌的比較，兒歌是文化下的產物，所以本章將探討分析中西兒歌歌詞內容，來比較氣化觀型文化以及創造觀型文化，並發現文化在兒歌中的影響和體現。

第二節　中西兒歌的文化背景差異實況

從第五章中西兒歌審美類型的比較來看，中西兒歌都有偏向崇高、優美以及基進類型的兒歌，可是在細部仍有差異；造成這種差異的，便是背後的文化背景。例如，同屬於催眠曲的〈外婆橋〉和 Hush Little Baby（詳見第四章第一節），在意象運用方面，〈外婆橋〉是以象徵手法，歌詞裡的船便象徵著搖籃；Hush Little Baby，是以比喻手法，用一連串珍貴的物品，來比喻父母親對孩子的深厚的愛。就敘述方式來看，〈外婆橋〉敘述人稱的視角有變化，從孩子的角度又變成了外婆的角度來說話，描寫事情為內感外應，屬於敘事寫實；而 Hush Little Baby 完全有爸爸對小孩說話的角度來描寫，從頭到尾，一氣呵成，沒有變換敘述人稱的視角，屬於線性思維；這兩首的比較，列表如下：

表 6-2-1　〈外婆橋〉與 Hush Little Baby 的比較

兒歌名稱＼比較項目	意象	敘述方式
〈外婆橋〉	象徵	敘事寫實，內感外應
Hush Little Baby	比喻	抒情寫實，線性思維

在先前的小論文中（陳詩昀，2009），我比較過〈小小羊兒要回家〉和 Mary Had a Little Lamb，歌曲中都有出現羊，表達手法卻不相同。〈小小羊兒要回家〉歌詞如下：

小小羊兒要回家

紅紅的太陽下山啦　咿呀嘿呀嘿
成群的羊兒回家啦　咿呀嘿呀嘿
小小羊兒跟著媽　有白有黑也有花
你們可曾吃飽啊
天色已暗啦　星星也亮啦
小小羊兒跟著媽　不要怕不要怕
我把燈火點著啦

（魔鏡歌詞網，2010）

Mary Had a Little Lamb

Mary had a little lamb, little lamb, little lamb,
Mary had a little lamb, its fleece was white as snow.

And everywhere that Mary went, Mary went, Mary went,
And everywhere that Mary went, the lamb was sure to go.

It followed her to school one day, school one day, school one day,
It followed her to school one day, that was against the rule.

It made the children laugh and play, laugh and play, laugh and play,
It made the children laugh and play, to see a lamb at school.

Why does the lamb love Mary so, Mary so, Mary so,
Why does the lamb love Mary so? That eager children cry.

Why, Mary loves the lamb you know, lamb you know, lamb you know,
Mary loves the lamb you know, the teacher did reply.

(Alchin, L.K. Rhymes.org.uk, 2010)

瑪莉有隻小綿羊，小綿羊，小綿羊，
瑪莉有隻小綿羊，牠的毛白得像雪。
不管瑪莉走到哪裡，走到哪裡，走到哪裡，
不管瑪莉走到哪裡，小綿羊一定跟著走。
牠跟著瑪莉到學校一整天，一整天，一整天，
牠跟著她到學校一整天，那是違反校規的。
牠讓孩子們嘻笑玩耍，嘻笑玩耍，嘻笑玩耍，
牠讓孩子們嘻笑玩耍，因為看到綿羊在學校出現。
為什麼這隻小羊如此喜歡瑪莉，如此喜歡，如此喜歡，
為什麼這隻小羊如此喜歡瑪莉，想知道的孩子們大叫著。
為什麼瑪莉如此喜歡這隻小羊你知道嗎？
你知道嗎？你知道嗎？
為什麼瑪莉如此喜歡這隻小羊你知道嗎？
老師會回答的。

（研究者自譯）

〈小小羊兒要回家〉和 Mary Had a Little Lamb 都有提到羊，可是羊的數量不一樣，〈小小羊兒要回家〉裡的小羊應該是超過三隻的，可以從「有白有黑也有花　你們可曾吃飽啊」看出來，而 Mary Had a Little Lamb 裡只有一隻小羊跟著主人瑪莉，小羊沒有任何懼怕，也顯現出西方的個人主義；〈小小羊兒要回家〉裡成群的小羊跟著母羊回家，象徵著傳統的大家庭，這裡運用到象徵手法。在敘述手法上，我們不太看得出來是以何者為敘述的視角，可以有兩種看法：第一種是有第三者觀察羊群回家的畫面；第二種就是以擬人化的手法來描寫，母羊可以為小羊點燈。Mary Had a Little Lamb 很明顯的是以第三人稱來描寫，而且是有順序發展，一開始先寫小綿羊的外觀，白的像雪，運用到比喻中的明喻，再寫牠跟著瑪莉到學校的情況，最後用設問的手法來寫出為何瑪莉和小綿羊的感情會如此的好，線性的發展，具有邏輯性。比較表如下：

表 6-2-2　〈小小羊兒要回家〉與 Mary Had a Little Lamb 比較

比較項目 / 兒歌名稱	敘述人稱	敘述手法	意象
〈小小羊兒要回家〉	第一或第三人稱	抒情寫實	運用象徵
Mary Had a Little Lamb	第三人稱	敘事寫實	運用明喻

在第五章第三節比較了動物類的兒歌，除了類型同是優美之外，可以看得出西方兒歌在想像力方面的運作是比較大膽的，在 Three Blind Mice, Little Bunny Foo Foo, Baa Baa Black Sheep 中可以看得出來（詳見第五章第三節）；而中國的兒歌都是屬於直接敘述的方法，在〈白貓黑貓〉、〈蠶寶寶〉、〈蝸牛〉的歌詞中也可以清楚的看見。還有一項明顯的差別，這三首英文兒歌裡的動物都是受人支配的，Three Blind Mice 有農夫的太太想要將牠們的尾巴切掉，

Little Bunny Foo Foo 是因為小兔子的頑皮，出現了天使勸告牠，Baa Baa Black Sheep 看得出來是人來飼養，因為牠要將羊毛貢獻給主人和女主人；而〈白貓黑貓〉很純粹地寫出廟裡和廟外各有一隻黑貓和白貓，〈蠶寶寶〉直接描寫蠶的外觀和成長的變化，〈蝸牛〉更是將蝸牛的特性寫出來，背著重重的殼，還有對於外在事物的反應，我們看不出來在歌詞中有何想像力的運作，不過可以感覺到很和諧自然的態度。這也是中西文化在對待動物方面的不同，列表如下：

表 6-2-3　中西動物類兒歌比較

比較項目／兒歌名稱	想像力運用	人與動物的關係
〈白貓黑貓〉、〈蠶寶寶〉、〈蝸牛〉	無，屬於抒情寫實。	和諧自然。
Three Blind Mice, Little Bunny Foo Foo, Baa Baa Black Sheep	有，屬於敘事寫實。	有支配、役使感。

第三節　中西兒歌的文化背景差異解析

在上一節中，經由了中西兒歌的比較，可以知道中西在兒歌的表現上有哪些不同點，在意象運用方面，中國是擅長象徵，西方是喜愛比喻；在敘事方面，中國是屬於抒情寫實，內感外應，西方則屬於敘事寫實，線性思維，充滿想像力；在催眠曲的表現中，中國的催眠曲可以看得出以家庭為單位的社會結構，父母親對於孩子們的期望，而西方的催眠曲中只是一心希望孩子安心的睡去，對於個人主義的尊重。一種語言的語言特徵，是由它的文化語境決定的。不同的民族有不同的文化，有不同的教育方式。兒歌中則會體現出不同的道德觀、價值觀等文化內涵。（姚敏，2007）在本章的第一節裡，介紹了文化系統下有五個次系統，其中的表現系統就是指一個歷史性的生活團體的成員用一種感性的方式來表現他們的終極信仰、觀念系統和規範系統等，因而產生了各種文學和藝術作品。因此，從孩子們的詩——兒歌當中，我們也能夠發現中西文化的不同。以下是中西創造觀型文化和氣化觀型文化各自的五個文化次系統圖：

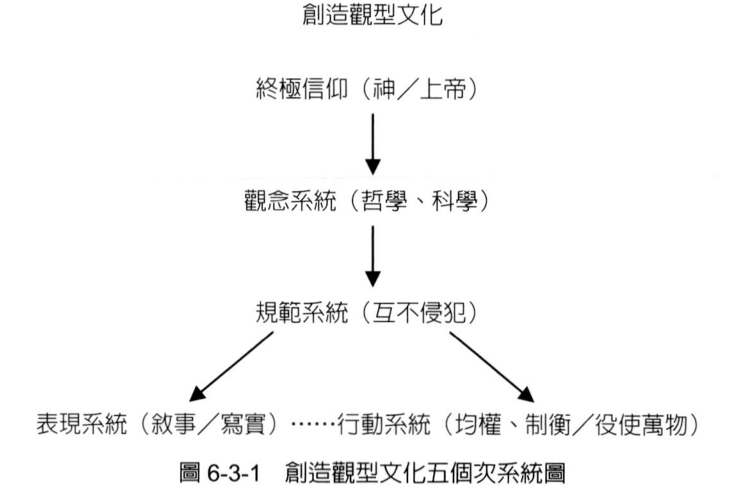

圖 6-3-1　創造觀型文化五個次系統圖

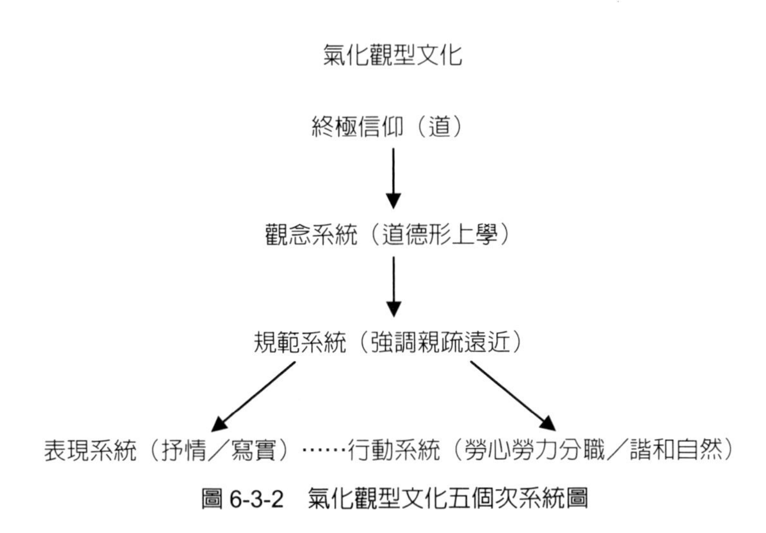

圖 6-3-2　氣化觀型文化五個次系統圖

西方的創造觀型文化中的表現系統是屬於敘事寫實，在第四章比較取材和意象中，就可以看到不少的兒歌有這樣的特色，如 Pretty Little Dutch Girl, Hush Little Baby, I Had a Little Nut Tree, Old Macdonald Had a Farm, Ten Little Indians, Row, Row, Row Your Boat；第五章審美類型比較，如 Joy to The World, Three Blind Mice, Little Bunny Foo Foo, Baa Baa Black Sheep，《艾麗絲夢遊奇境記》的催眠歌，它們在敘述方面都是呈線性思維，有邏輯，人稱視角、主題都是單一方向，沒有變動，在內容上可以看到想像力的發揮。值得一提的還有，在動物類的兒歌 Three Blind Mice, Little Bunny Foo Foo, Baa Baa Black Sheep，可以發現到西方的人對於動物的役使，這表現在行動系統裡 Three Blind Mice 裡，農夫的太太想要割掉瞎眼老鼠的尾巴，Little Bunny Foo Foo 裡有小天使對於頑皮的小兔子的警告和懲罰，在 Baa Baa Black Sheep 裡可以發現這黑色綿羊是受人飼養的，因為牠需要提供羊毛給主人，這三篇都是有人類或者是小天使要控制著小動物，這可以推論西方想要役使萬物表現；中國的〈虹彩妹妹〉、〈外婆橋〉、〈樹〉、〈我的妹妹〉、〈星〉、〈大頭〉、〈富士霸王〉、〈只要我長大〉、〈白貓黑貓〉、〈蠶寶寶〉、〈蝸牛〉等，在這些作品當中都可以看到抒情寫實手法的表現，對於外在的事物有所感應，而由內往外抒發出來，例如〈星〉的歌詞「千顆星，萬顆星，點點星，點點明，一閃一閃耀眼睛，閃閃爍爍看不清。」對於天上星星的狀態有感而發，將所觀察到的紀錄下來，千萬顆星星，每顆星都是一個點，每個點都是這麼明亮，又一閃一閃的發光，讓人看不清，實屬內感外應的表現。在動物類的兒歌方面，〈白貓黑貓〉、〈蠶寶寶〉、〈蝸牛〉和 Three Blind Mice, Little Bunny Foo Foo, Baa Baa Black Sheep 比較之下，看不到人去控制動物的情形，只是從旁觀察將牠們的一舉一動，外表特徵，達到人和物諧和的狀態，也就是氣化觀型文化中的行動系統所強調的。還有在〈小小羊兒要回家〉、〈只要我長大〉這兩首兒歌中，「小小羊兒跟著媽」，「哥哥爸爸真偉大，名譽照我家，為國去打戰，當兵笑哈哈」，可以看到男主外、女主內的表現，也就是勞心勞力分職的狀況。

再往上看規範系統的部分，西方強調的是互不侵犯，中國則是親疏遠近，這在兩方的催眠歌中可以發現並證實這樣的規範系統。從 Hush Little Baby 跟〈搖子歌〉來看，前者在歌詞中就是一心一意的希望孩子好好的睡去，而沒有加諸任何的期望在孩子身上，從這裡可以看出西方文化對於孩子的主體性的尊重；〈搖子歌〉會看到父母親對孩子的擔心、憂慮和期望，一直到自己眼睛閉上了才會結束對孩子的操心，這也是氣化觀型文化下以家庭為社會結構單位，強調親疏遠近的表現，對於自己人會沒有保留的給予，但是對於外在環境的人事物則會保持一定的空間。

觀念系統方面，氣化觀型文化中的是道德形上學，其內涵就是重人倫、崇自然；創造觀型文化中的觀念系統是哲學和科學，哲學包括了形上學、認識論、邏輯學、倫理學等，科學包含了基礎學科、技術學科，應用學科等（周慶華，2007：186），這些也能在兒歌中發現它們的蹤跡。如在「天這麼黑，風這麼大，爸爸捕魚去」這首兒歌中，可以看到在家裡的人為在外的爸爸擔心，父子有親的表現，最後一句「快去告訴媽媽，爸爸已經回家」，這也是夫婦有別的表現。在西方的 Row, Row, Row Your Boat 裡最後一句「Life is but a dream」（人生就是一場夢），正是西方哲學的表現。

最後在終極信仰的部分，在 Joy to The World 裡「Joy to the world, the Lord is come……He rules the world with truth and grace and makes the nation prove」以及 Little Bunny Foo Foo 裡「Then down came the Good Fairy, and she said,“ Little Bunny Foo Foo, I don't want to see you scooping up the field mice and bopping them on the head.」我們可以發現 Lord, Fairy 上帝和仙女，他們相信這世界是由上帝主宰，就連小兔子做錯事，也會有小仙女出現給予警告，上帝、神的觀念是深植他們人心的。在中國的兒歌的敘述手法屬於抒情寫實，對於外在的刺激給予回應，一首兒歌歌詞裡不像英文兒歌裡有一條主軸似的敘述，讓人感覺是不停的變換角度，就好像氣的流轉。例如〈外婆橋〉裡「外婆好，外婆好，外婆對我嘻嘻笑……外婆說，好寶寶，外婆給你一塊糕。」前一段是以孩子的角度來說話，後一段則是以外婆的角度說話。又如〈點仔膠〉:「點仔膠，黏著腳，叫阿爸，買豬腳，豬腳箍，滾爛爛，餓鬼囝仔流嘴瀾。」因為打赤腳沾到柏油而叫爸爸買豬腳，這中間的關連性實在不強，或許是孩子因為腳沾到柏油而想到豬腳，這也是有所感應的一個表現，前段部分是以小孩的角度來說，最後一句像是以第三者的口吻來說話，這種敘述角度的轉變就像氣的流轉一般，或許我們本身沒有感覺，可是在文學作品上卻反映出來。

第七章　相關成果在語文教學上的運用

第一節　在閱讀欣賞教學上運用的方向

在九年一貫課程綱要中有強調十大基本能力，這十大基本能力包含了：（一）瞭解自我與發展潛能；（二）欣賞表現與創新；（三）生涯規劃與終身學習；（四）表達、溝通與分享；（五）尊重、關懷與團隊合作；（六）文化學習與國際瞭解；（七）規畫、組織與實踐；（八）運用科技與資訊；（九）主動探索與研究；（十）獨立思考與解決問題。這十大基本能力表現在國語文上的課程目標可列成下表：

表 7-1-1　九年一貫國語文領域課程目標

課程目標 基本能力	國語文
1.瞭解自我與發展潛能	應用語言文字，激發個人潛能，拓展學習空間。
2.欣賞、表現與創新	培養語文創作之興趣，並提升欣賞評析文學作品之能力。
3.生涯規劃與終身學習	具備語文學習的自學能力，奠定生涯規劃與終身學習之基礎。
4.表達、溝通與分享	運用語言文字表情達意，分享經驗，溝通見解。
5.尊重、關懷與團隊合作	透過語文互動，因應環境，適當應對進退。
6.文化學習與國際瞭解	透過語文學習體認本國及外國之文化習俗。
7.規畫、組織與實踐	運用語言文字研擬計畫，並有效執行。

8.運用科技與資訊	結合語文、科技與資訊，提升學習效果，擴充學習領域。
9.主動探索與研究	培養探索語文的興趣，並養成主動學習語文的態度。
10.獨立思考與解決問題	運用語文獨立思考，解決問題。

資料來源：國民教育社群網

中西兒歌的比較可以達到的目的是，藉著欣賞中西的兒歌，比較其中的差異，進而認識兩種文化的差異。運用在教學上，可以試著讓孩子仿作並創作兒歌，是可以培養學生的欣賞、表現與創新和文化學習與國際了解的能力的。其他的能力平日就需培養具備，因為都是「運用」語文來達到這些目標。日常生活上所看、所見、所聞都是語文，而欣賞、表現與創新以及文化學習與國際了解都是較深層的能力培養，是需要透過較多的時間和過程活動安排才能讓學生心有領略。本章三節主要是透過課堂上的活動安排來進行中西兒歌比較的閱讀欣賞、說話表演、寫作創新的教學。本節以閱讀欣賞為主，以下是教學活動設計：

表 7-1-1　中西兒歌在閱讀欣賞教學上運用的教學活動設計

單元名稱	中西催眠曲比一比	教學對象	國小四年級生
設計者	陳詩昀	學生人數	30
時間	40 分鐘	場地	教室
教材來源	魔鏡歌詞網、Nursery Rhymes 網站		
教學資源	音樂檔案、歌詞海報、糖果、枕頭、棉被		
教學目標	單元目標		具體目標
	一、認知 1. 認識兒歌：〈外婆橋〉、Hush Little Baby。 二、情意		1-1能夠朗讀這兩首兒歌的歌詞

	2. 能了解中英兩首催眠曲的意涵。	2-1 能說出這兩首兒歌所要表達的意思。
	3. 能欣賞這兩首催眠曲的不同。	3-1 能依照歌詞提供的線索說出這兩首兒歌的不同點。
	三、技能	
	4. 能表達如何欣賞兒歌。	4-1 能歸納說出欣賞兒歌的要點。
	5. 能夠吟唱這兩首兒歌。	5-1 能隨著音樂唱出這兩首催眠曲。

教學活動名稱	教學活動內容	時間	分段能力指標	十大基本能力	評量方式
生活經驗答	壹、準備活動 一、教師： （一）準備關於中西的催眠曲各一首：外婆橋、Hush Little Baby （二）準備這兩首兒歌歌詞、海報、音樂 CD 二、學生： （一）課前先詢問家長有沒有唱過哪些催眠曲。 貳、發展活動 一、引起動機： （一）活動一： 1. 老師提問 老師拿出一顆小枕頭和棉被詢問學生： 小朋友，你看到這兩樣東西，會想到什麼？ S：睡覺！ T：如果睡不著的時候你們會做什麼是來幫助自己睡覺？ S：看故事書。	5	2-1-2-1 能注意聽	四、表達溝與分享	100%的學生能回答問題。 90%的

歌謠比一比	S：聊天。 S：聽音樂。 T：你們有沒有問爸爸媽媽唱過什麼催眠曲給你們聽，有的請舉手！ S：（舉手） T：那你們知道是哪些歌曲嗎？ S：不知道。 S：有英文歌，You are my sunshine。 S：有臺語的搖子歌。 S：媽媽有唱過外婆橋給我聽。 T：有沒有小朋友願意唱一下你知道的催眠曲？ S：（自願上臺唱歌） T：老師今天要介紹兩首催眠曲給你們聽，我們一起欣賞。 活動二： （老師播放外婆橋和 Hush Little Baby 音樂，音樂進行的同時把這兩首的歌詞發給學生，並把海歌詞海報貼在黑板上） T：有小朋友睡著了嗎？聽完這兩首歌，有人可以告訴我旋律有什麼不一樣嗎？ S：外婆橋聽起來節奏比較慢。 S：英文那首聽起來比較輕快。	15	3-1-1-5 能用完整的語句回答。 2-1-2-1 能注意聽。 2-1-1-1 能自然安靜的聆聽。 3-1-1-5 能用完整的語句回	十、獨立思考與解決問	學生能回答問題。 90%的學生能回答問題。 90%的學生能夠說出

	T：我們來看一下歌詞，一起來朗讀一下。 （老師帶唸歌詞，並解釋歌詞意思） 老師這裡有一張紙，分別寫下你對這兩首兒歌的感覺，還有如果你是爸爸或媽媽，你會想唱哪首歌哄小孩入睡？為什麼？在你們寫的時候，老師會再放一次這兩首歌，等音樂停了之後，就請幾個小朋友上臺發表。 （老師再把外婆橋和 Hush Little Baby 各放兩次，等音樂停了之後再請學生上臺發表。） T：小朋友應該大致上都寫好了，有沒有人想要上臺說說看？ S：外婆橋給我的感覺是音樂比較慢，聽起來很舒服，Hush Little Baby 比較活潑，我會想唱外婆橋給小孩子聽，應該比較容易睡著。 S：我覺得我比較喜歡 Hush Little Baby，聽起來很輕快，外婆橋比較慢，好像有點悲傷。我會唱 Hush Little Baby 小孩子聽，希望小孩會很開心。 T：這兩首歌雖然同樣是哄小孩子入睡，你們看的		答。 3-1-1-3 能發音正確，口齒清晰。 3-1-4-1 發言不偏離主題。 2-1-1-4 能在聆聽時禮貌的看著說話者。	題。	不同處。 90%的學生能過依照自己意思寫下問題答案。 80%的學生願意上臺發表。

	出來有不一樣的地方嗎？ S：一首是國語，一首是英語。 S：外婆橋歌詞比較短，Hush Little Baby 比較長。 S：外婆橋有提到外婆，Hush Little Baby 好像只有爸爸對小孩說話。 T：大家都說得很好。老師再問你們幾個問題，這兩首兒歌是誰唱給誰聽的？ S：外婆橋應該是媽媽唱給小孩聽的。 T：為什麼你知道是媽媽？ S：因為提到外婆，應該是媽媽。 T：那麼 Hush Little Baby 歌詞中是誰在唱歌？ S：是爸爸！ T：那你們有沒有發現歌曲中父母有給小孩什麼期望嗎？ S：Hush Little Baby 好像是爸爸希望小孩子趕快睡覺。 S：而且買了很多東西給他。 S：外婆橋裡面，好像是媽媽希望小朋友很乖，因為歌詞裡面有說「外婆說，好寶寶，外婆給你		3-1-4-1 發言不偏離主題。		

	一塊糕。」 T：從你們說的看法，我們可以歸納說，中國的催眠曲雖然是哄小孩睡著，可是有放入對小孩的期望；可是英文的催眠曲就只有希望小孩好好的睡著。這就是我們的父母和他們的父母不同的地方喔！ T：那你們知道外婆橋裡面說的船兒搖到外婆橋，船是代表什麼嗎？ S：床鋪！ S：搖籃！ T：答對了，是搖籃！這就是用船來象徵搖籃，就好像國旗象徵國家那樣。 T：那你們覺得 Hush Little Baby 裡，爸爸為了哄小孩睡著要買很多東西給他，代表了什麼嗎？ S：他們家很有錢！ S：小孩子可能很愛玩耍！ S：應該是爸爸媽媽很愛他。 T：說得很好！這些東西就代表了父母對他的愛，就好像爸媽會買禮物給你，希望你開心，表示他們很愛你，所以這些禮物比喻他們的愛。這兩首兒歌也可以看出我				80%的學生能正確回答。

	們的父母和西方的父母的不同喔！ S：原來是這樣啊！	5			
	活動三： T：那我們來歸納一下，我們用了哪些方面來欣賞和比較中西的兒歌？ S：歌曲的旋律。 S：歌詞的長短。 S：說話者是第幾人稱。 S：歌詞內容的含意。 S：歌詞用的字美不美。 S：歌詞裡有用到什麼修辭法。	15	3-1-4-1 發言不偏離主題。		80%的學生能夠歸納重點。
	T：大家都很專心喔，都整理得很好！接下來，我們再把歌唱一遍吧！在我們唱歌的同時，老師手上有三顆糖果，小朋友可以任意傳給其他同學，等音樂停了之後，拿到糖果的小朋友就要回答老師的問題。 （老師播放音樂，選個時間按下暫停，並對拿到糖果的學生發問）				100%的學生願意參與活動。
	T：請問外婆橋裡的船象徵什麼？ S：搖籃。 T：答對了，你可以保留糖果。 T：請問 Hush Little Baby 裡提到哪些禮物？ S：有鳥、馬車、小狗、鑽		2-1-2-3 能聽出別人所表達的意思，達成溝通的目的。		

	戒、鏡子、牛車、山羊。 T：很好，答對了！ T：請說出這兩首兒歌一個不同的地方。 S：外婆橋聽起來較緩慢，Hush Little Baby 較輕快。 T：希望大家可以記得今天欣賞兒歌的內容，以後看到兒歌也可以試著去比較它們不同的美。我們再把歌唱一次，就要準備下課了。 （老師播放音樂，學生跟著吟唱） ——課程結束——				

本節藉著設計一堂 40 分鐘的欣賞課程來讓學生了解如何初步的欣賞兒歌。在學生已有初步概念後，還可以將課程加深，再運用到高年級的課堂上。

第二節　在說話表演教學上運用的方向

國民中小學九年一貫課程綱要語文學習領域的國語文部分，其基本理念提到培養學生正確理解和靈活應用本國語言文字的能力。已使學生具備良好的聽、說、讀、寫、作等基本能力，並能使用語文，充分表達情意，陶冶性情，啟發心智，解決問題。（國民教育社群網，2010）前一節是運用中西兒歌的比較來讓學生了解如何欣賞閱讀，雖然上課過程中，學生也都會有發表、聆聽、記錄的內容，重點仍是偏重在閱讀欣賞方面。而本節重點著重在說話表演方面，設計教學內容包含了朗讀、吟唱、讀者劇場來呈現中西兒歌的內容。讀者劇場為何？簡單的說，讀者劇場就是「將故事或一段富含情節內容，以聲音表情豐富的變化表演出來一段戲劇，稱之為讀者劇場，英文為 Readers Theater 簡稱 RT」；讀者劇場最大特色為「演員將故事的情節依不同角色的發聲，將故事呈現出來」；讀者劇場是一種以文本為主的發聲閱讀活動，讀者利用口語說故事；在劇場型式方面，RT 是最簡單的劇場型式，學生容易表演，2 人或 2 人以上就可以演出，不像戲劇應用許多背景道具、化妝、燈光、服裝等舞臺效果；讀者劇場可以快速讓學生體驗戲劇劇場的活動。（大眾優童教育機構，2010）

讀者劇場在學習應用層次方面，成功大學鄒文莉教授做了一個很好的解釋「RT 是一種可以引起高度動機的學習策略，它結合了發音閱讀、文學和戲劇於語言學習中。RT 的戲劇成分使學生了解到閱讀是一種具有實驗性的活動——學生可以試著用不同的朗讀方式，來詮釋不同的意義。透過音量高低，重音和語調，RT 讀者深入所讀內容，賦予文字及角色生命」；最後，以美國國家閱讀委員會（National Reading Panel）對流利度的定義作個簡單結論，其定義流利度為「快速、正確、帶有感情的朗讀」；而讀者劇場（RT）正可以快速又有趣達到這一項流利度指標，不難發現為何目前讀者劇場可風行在各校園，因此臺灣目前有越來越多學校與班級，逐步推行讀者劇場教學。（大眾優童教育機構，2010）以下為本研究的成果運用在說話表演課堂上的活動設計：

表 7-2-1　中西兒歌在說話表演教學上運用的教學活動設計

<table>
<tr><td>單元名稱</td><td>大家來唸歌</td><td>教學對象</td><td>國小四年級生</td></tr>
<tr><td>設計者</td><td>陳詩昀</td><td>學生人數</td><td>30</td></tr>
<tr><td>時間</td><td>80 分鐘</td><td>場地</td><td>教室</td></tr>
<tr><td>教材來源</td><td colspan="3">中國傳統兒歌選，Nursery Rhymes 網</td></tr>
<tr><td>教學資源</td><td colspan="3">兒歌歌詞、計時器、響板、讀者劇場資料、讀者劇場影片</td></tr>
<tr><td rowspan="2">教學目標</td><td colspan="2">單元目標</td><td>具體目標</td></tr>
<tr><td colspan="2">一、認知：
1. 認識四首兒歌（小老鼠上燈臺、五指歌、One two buckle my shoe, Five Little Monkeys）。
2. 認識讀者劇場。
二、情意：
1. 能欣賞兒歌的節奏之美。
三、技能：
1. 能將兒歌譜曲。
2. 練習表演讀者劇場。</td><td>1-1 能夠吟唱此四首兒歌歌詞。
1-2 能夠說出讀者劇場表演要點。
2-1 能夠說出兒歌節奏的不同。
3-1 能拍打兒歌節奏，與音符結合，並且唱出兒歌。
3-2 能依照讀者劇場劇本，變換口氣上臺表演。</td></tr>
</table>

教學活動名稱	教學活動內容	時間	分段能力指標	十大基本能力	評量方式
	壹、準備活動 一、教師 （一）準備四首兒歌，中英各兩首：小老鼠上燈臺、五指歌、One two buckle my shoe, Five Little Monkeys。 （二）準備響板。 （三）準備讀者劇場資料、影片。				

兒歌節奏示範	二、學生 課前已拿到並且看過這四首兒歌歌詞。 貳、發展活動 一、引起動機： 老師用響板唸出〈五指歌〉和 One two buckle my shoe.並提問：這兩首歌都是每句五個字，你們有沒有聽出來這兩首兒歌的節奏有什麼不同？ S：五指歌的節奏比較規律。 S：英文的那一首節奏聽起來比較用力。 T：很好，你們都說出重點！如果我們兩首的節奏交換，猜猜看會怎麼樣？我們來試試看。 （老師示範節奏交換後的五指歌和 One two buckle my shoe） T：這次聽起來的感覺怎麼樣？ S：很奇怪！ S：很不順！ T：對呀，老師也覺得很困難！為什麼這兩首兒歌會有節奏上的不同，你們可以說說看嗎？ S：是因為國語和英語不同嗎？	10	2-1-1-1 能自然安靜的聆聽。 3-1-1-5 能用完整的語句回答問題。		80%的學生能回答。

	T：答對了！但是有人知道不同點在哪裡嗎？ S：不知道。 T：那老師來解答了，因為我們國語有四聲，唸起來會比較有起伏，英語沒有，英語分輕重音和音節，所以我們為了要配合唸字，在節奏上就會有不同了。例如，cat 這個字，只有一個母音，所以是一個音節，有一拍，而 hamburger 有三個母音，是三個音節，有幾拍？ S：三拍。 T：是的，當我們在唸五指歌的時候，可以每個字打一拍，或者兩個字打一拍也可以，現在給你們一點時間，試著打節奏唸一唸這兩首兒歌。 （學生練習打節奏唸兒歌） T：那我們現在把另外兩首兒歌也一起來配合節奏來唸一唸吧。 S：好！ （老師帶唸小老鼠上燈臺和 Five Little Monkeys 配合拍打節奏。） T：唸完了這兩首兒歌，有沒有更感受到我們的兒歌和英語的兒歌節奏上	5 5	2-1-1-1 能自然安靜的聆聽。 3-1-1-3 能發音正確，口齒清晰。		90%的學生能安靜聆聽。 100%的學生會練習打節奏。 100%的學生能跟著吟唱。

我是作曲家	的不同？ S：有！ 活動二： T：這四首兒歌還沒有配上音樂，現在我們分組來幫這些兒歌配上音樂。 （將學生分成四組，每組分配一首兒歌，引領他們用簡單的音符譜曲，討論完後發表） T：小朋友，是不是已經完成譜曲了？現在請各組輪流上臺吧！ （各組上臺發表創作的歌曲）	10 5 5	3-1-2-1 能愉快得與人溝通。	四、表達溝通與分享。 二、欣賞、表現與創新。	90%學生參與討論。
問題討論	活動三： T：大家都表現很棒！你們譜曲的順序是如何，須要考慮哪些問題？ S：我們是負責 Five Little Monkeys，先用唸的，把節奏記錄下來，在把音符填進去。 S：我們把小老鼠上燈臺的每個字規定成一拍，再來填上音符。 S：我們的五指歌是按照老師給的節奏，然後用ㄉㄛ到ㄙㄛ的音符來作曲。 S：我們發現 one two buckle my shoe 都是一拍，所以很好作曲。			四、表達、溝通與分享。	每組派代表上臺發表。

	T：所以大家都是先有節奏再填入音符，那這樣聽各組發表完，有沒有覺得中英文兒歌的節奏聽起來不一樣？ S：有！ T：那你們還記得為什麼會有不同嗎？ S：因為國語有四聲，英語是分輕重音和音節。 T：說得很好，希望小朋友回去還可以多比較中英文兒歌的節奏。				80%學生能回答。
	——第一節　結束——				
	活動四：				
介紹讀者劇場	T：上一節課我們練習了兒歌的唸唱，現在我們要利用兒歌進行讀者劇場，有沒有人聽過讀者劇場？ S：沒有。 S：是讀劇本嗎？ T：沒關係，老師放一段影片，大家就可以知道讀者劇場是什麼了。	5			
	（老師播放讀者劇場影片）	10			90%學生能專心觀賞。
	T：看過影片之後，大概知道讀者劇場是什麼了嗎？	5			
	S：有好幾個人在唸劇本。 S：只要穿平常的衣服就可以了。 S：他們都會變換不同的語		3-1-1-5 能用完整的語句回答問題。	四、表達	80%學生能回答問題。

	氣。 S：每個人都會分配到不同角色，還有重複的。 S：有時候唸起來像唱歌。 T：大家都觀察得很好！簡單來說，讀者劇場就好像聽廣播劇，觀眾不用眼睛看，只要用耳朵聽，就可以聽清楚整個故事。所以在表演的人就需要利用語氣和口氣的變換來讓我們知道發生了什麼事。你們有沒有發覺到，每個人的句子都不長？ S：有！ T：因為這樣聽的人才不會很吃力喔！我們今天就來把上次作曲過的兒歌改編成讀者劇場，改編的重點有幾項：第一，你們要自己分段；第二，可以獨唸，也可以和唸；第三，還可以配合唱歌和拍打節奏。那給你們十分鐘討論，計時器響了之後，就要準備發表囉！			、溝通與分享。 二、欣賞、表現與創新。 四、表達、溝通與分享。	
讀者劇場演練	活動五： （學生分組討論劇本） （計時器響，討論停止） T：那我們從第一組開始發表。	10 10	3-1-2-1 能愉快的與人溝		90%學生能參

	S：（學生輪流上臺發表） T：每組都很有特色喔！所以一首簡單的兒歌不只可以唱、唸，還可以改編成讀者劇場，你們對於兒歌是不是又更有不一樣的認識了？ S：有！ T：大家給自己一個愛的鼓勵，準備下課囉！ ——第二節　結束——		通。 3-1-1-7 能依照文意概略讀出文章的節奏。		與討論。

本節活動以說、唱、讀者劇場的表演，讓學生可以欣賞比較中西兒歌的節奏差異，在學生討論的活動中可以激盪出不同的火花，以實際操作的方式更可以讓他們對於節奏在兒歌裡扮演的角色印象更深刻。

第三節　在寫作創新教學上運用的方向

我們身處在氣化觀型文化下，在寫作所產生的風格都屬於內感外應，對於外界發生的事物，抒發自己的感覺或感情，在小學階段常會寫到的作文題目，如〈我的爸爸〉、〈我的媽媽〉、〈我的朋友〉、〈運動會〉、〈校外教學〉、〈寫給○年後的我〉等等，偶而會有童詩仿作，不過我們仍按照自己既有的思考模式在寫作。如果將中西兒歌的敘述方式作比較，讓學生了解另一種思考模式，或許在寫作上有一個新的視野。以下是將中西兒歌敘述方式的比較成果運用在寫作創新教學的活動設計：

表 7-3-1　中西兒歌運用在寫作創新教學活動設計

<table>
<tr><td colspan="2">單元名稱</td><td colspan="2">小小創作家</td><td colspan="2">教學對象</td><td colspan="2">國小四年級生</td></tr>
<tr><td colspan="2">設計者</td><td colspan="2">陳詩昀</td><td colspan="2">學生人數</td><td colspan="2">30</td></tr>
<tr><td colspan="2">時間</td><td colspan="2">40 分鐘</td><td colspan="2">場地</td><td colspan="2">教室</td></tr>
<tr><td colspan="2">教材來源</td><td colspan="6">魔鏡歌詞網，Nursery Rhymes 網</td></tr>
<tr><td colspan="2">教學資源</td><td colspan="6">兒歌歌詞、小羊圖片、蘋果、計時器、白紙</td></tr>
<tr><td rowspan="2">教學目標</td><td colspan="3">單元目標</td><td colspan="4">具體目標</td></tr>
<tr><td colspan="3">一、認知：
1. 認識兩首兒歌。（小小羊兒要回家、Mary Had a Little lamb.）
2. 知道兩首兒歌的敘述差異。
二、情意：
1. 欣賞兩首兒歌的涵義。
三、技能：
1. 創作兒歌。</td><td colspan="4">1-1 會依據歌詞唱出兒歌。
1-2 能夠說出兩首兒歌的不同點。
2-1 能夠說出這兩首兒歌的意思。
3-1 能依照老師的提示寫出句子。</td></tr>
<tr><td colspan="2">教學活動名稱</td><td>教學活動內容</td><td>時間</td><td>分段能力指標</td><td>十大基本能力</td><td colspan="2">評量方式</td></tr>
<tr><td colspan="2">小羊大不同</td><td>壹、準備活動
一、教師
（一）準備兩首兒歌歌詞及音樂 CD：小小羊兒要回家、Mary Had a Little Lamb。
（二）準備小羊圖片。
二、學生
（一）預習兩首兒歌歌詞。

貳、發展活動
一、引起動機：
老師以電腦展示不同種類小羊的圖片，並詢問學生：知道這是哪種羊嗎？</td><td>10</td><td></td><td></td><td colspan="2">100%的學生能參與</td></tr>
</table>

小羊比一比	（學生根據照片回答山羊、綿羊等等） T：我們今天要介紹有關羊的兒歌，你們回去都有看過歌詞了吧？我們先一起來讀一讀，接著再聽音樂。 （老師帶唸小小羊兒要回家以及 Mary Had a Little Lamb，並播放音樂） 活動二： T：這兩首兒歌都是以羊為主題，歌詞內容有很類似嗎？ S：沒有。 T：那麼你們覺得有哪些不一樣？ S：小小羊兒要回家裡面好像有很多隻小羊，Mary Had a Little Lamb 只有一隻。 S：小小羊兒的旋律比較慢，Mary Had a Little Lamb 比較輕快。 S：小小羊兒要回家的歌詞好像是以媽媽的話來說，Mary Had a Little Lamb 好像是有一個旁白在說這件事。 T：經過了上次的閱讀欣賞，小朋友都可以掌握住重點了，說得很好！還有一個地方，你們有沒有發現，哪一首兒歌	5	3-1-1-3 能發音正確，口齒清晰。 3-1-1-5 能用完整的語句回答。	二、欣賞、表現與創新。 四、表達、溝通與分享。	討論。 100%的學生能跟著吟唱。 80%學生能回答問題。

	是有故事順序的？你覺得是小小羊兒要回家的舉手。 （部分學生舉手） T：你覺得是 Mary Had a Little Lamb 的舉手。 （大部分學生舉手） T：大部分的小朋友都有看出來 Mary Had a Little Lamb 是有故事順序的。再問你們一個問題，哪一首是比較具有想像力？覺得是小小羊兒要回家的舉手。 （部分學生舉手，老師找其中一位學生來回答原因） S：因為我覺得這首歌裡的羊被擬人化了。 T：嗯，你說得很好。那覺得是 Mary Had a Little Lamb 比較有想像力的舉手。 （大部分學生舉手，老師找其中一位學生來說明原因） S：因為我覺得小羊跟著羊媽媽回家在生活中是可以看到的，可是小羊跟著 Mary 到學校，是比較不可能發生的，所以我覺得這首比較有想像力。 T：你解釋得很好。正確來說應該是 Mary Had a Little Lamb 比較有想像		3-1-1-5 能用完整的語句回答。	四、表達、溝通與分享。	80%的學生能回答。

<table>
<tr>
<td></td>
<td>力，因為創作這首歌的人要想像小羊跟著Mary到學校的狀況，可是小小羊兒要回家裡小羊跟著羊媽媽的情形是可以看到的。
T：我們平常寫作文都是因為看到了什麼或者感覺了什麼而寫下來，很少運用我們的想像力來練習寫作，我們今天要運用想像力來練習寫句子。
S：好！</td>
<td></td>
<td></td>
<td></td>
<td></td>
</tr>
<tr>
<td>腦力激盪</td>
<td>活動三：
T：我們以蘋果來作主題，蘋果有哪些特點？
S：表皮紅紅的。
S：吃起來甜甜的。
S：也有青色的蘋果。
T：我們用這些特性來寫一句話，可是不要寫到蘋果兩個字。
例如：你是紅紅圓圓的小精靈。把蘋果比喻成小精靈，你們可以盡量用比喻來寫。
（學生自由創作）
T：有沒有小朋友願意上來發表你寫的句子？
（自願者上臺發表）</td>
<td>10</td>
<td>3-1-1-5
能用完整的語句回答。

6-1-1-1
能學習觀察簡單的圖畫和事物，並練習寫成一段文字。</td>
<td>二、欣賞、表現與創新。</td>
<td>100%的學生能回答。

90%的學生自由創作。</td>
</tr>
<tr>
<td></td>
<td>活動四：
T：大家都很有想像力，寫得很棒！我們練習把以小羊為主題來分組創作</td>
<td>15</td>
<td></td>
<td>四、表達</td>
<td></td>
</tr>
</table>

	兒歌，運用想像力喔！每組創作四到六句就可以了，給你們十分鐘，計時器響了就要暫停了！ （學生分組創作） （計時器響，每組請一位代表上臺發表） T：大家都很有創意，給自己拍拍手！希望以後在寫作的時，在適當的時候可以多運用比喻，發揮想像力，你們的文章會更豐富，我們一起把創作的文章貼在窗戶上吧！ ——課程結束——			、溝通與分享。	80%的學生能參與討論。

本節活動以兩首兒歌的差異來尋找創新寫作手法，我們原有的文化體制難以改變，在課堂上可以利用實物，並由老師示範創作給學生方向，再讓學生從單句開始練習，進而團體創作；並多用提問的方式來讓學生思考其中的差異。尋求的創新有三種方向：第一是成果的延續，從內感外應擴大面向；第二是吸收西方的優點，練習運用想像力；第三是將中西體裁融合創出新體。本章三節的教學活動是將本研究的成果運用在閱讀、說話、寫作上，並將其融混合，希望對語文教學在提升差異的敏感及其發展上有實際的幫助。

第八章　結論

第一節　要點的回顧

兒歌在我們成長的過程中確實扮演了一個舉足輕重的角色，因為簡單的節奏，有趣的字句，配合著遊戲，也可以認識到不同民族的生活，讓我們的童年生活更增添趣味。（吳當，1987；林守為，1988；傅林統，1990；李漢偉，1990；李慕如，1998；洪文瓊，1999；馮輝岳，1982）有些研究指出語言習得和音樂有很大的關係，稱它為 MAD（music acquiring device）。（Vaneechoutte & Skoyles，1998；Albertcht，L，2003）過去關於兒歌的研究都著重在押韻或者與語文教學如何搭配，例如在全國博碩論文資訊網的搜尋，想要了解過去是否有中西兒歌比較的論文研究，在搜尋之後發現大致有四類研究：第一類為論者的兒歌研究，如《潘木人兒歌作品研究》、《黃貴潮的兒歌研究》、《馮輝岳的兒歌修辭研究》等；第二類則為附屬在兒童文學的研究中，如《馬景賢兒童文學創作研究》、《陳正治兒童文學創作研究》等；第三類則以兒歌為主，探討如何在教學上運用，如《故事性兒歌及其在國小語文教學上的應用》、《多媒體兒歌對國小低年級智障伴隨語障學生詞彙教學成效之研究》、《動物兒歌融入低年級生活課程之研究》等；第四類為單純研究兒歌，如《臺灣當代兒歌研究》、《臺灣囝仔歌研究》、《臺灣地區福佬與客家童謠比較研究》等。過去沒有人作過中西兒歌比較的研究，所以研究的價值性更加提高。本研究的目的是希望透過中西兒歌的比較來欣賞不同的敘述方式、不同的韻律節奏、不同的美感、不同的文化，藉由這樣的欣賞比較方式，運用在語文教學上，可以給學生創造看事情的不同角度。

本研究所用到的研究方法有：（一）現象主義方法，運用在第二章文獻探討，現象主義方法運用在文本分析上，對於一切關於文學的人、事和作品及其彼此複雜的互動關係產生作用，對其起意識作用。（二）比較文學方法，第四章採用這個研究法，此外第三章先處理兒歌的界定，也可以被包涵，所以一併列在這種方法下來看待。（三）美學方法，本研究的第五章以美學方法來處理中西兒歌的審美特徵差異的問題。（四）文化學方法，在第六章中西兒歌的文化背景差異中，以文化學方法來分析，並以文化五個次系統圖來加以說明。（五）社會學方法，第七章處理前幾章的研究成果在語文教學上的運用，看它怎麼運用在具體教學情境中的閱讀欣賞教學、說話表演教學和寫作創新教學等而可以發揮改善現況的效果。

本研究的範圍主要是第三章至第七章。第三章先界定兒歌。第四章是比較中西兒歌的形式風格，中西兒歌的取材，中西兒歌的內容有哪幾種類型？還需討論中西兒歌的旋律節奏，還有它們是如何搭配音樂的特性。第五章討論到中西兒歌的審美特徵。第六章為中西兒歌的文化背景差異，先討論文化類型，再以相似的兒歌來比較它們的文化背景，是怎樣的文化背景才會有這樣的兒歌產生？綜合以上的研究內容，再延伸到語文教學上。第七章則是利用研究成果來設計不同的教學活動運用在閱讀欣賞教學、說話表演教學以及寫作創新教學上。

中西兒歌這個部分也需要界定範圍。「中」指的是海峽兩岸現代的兒歌，而「西」指的是英美語文的兒歌。就歷史學、社會學以及語言使用上來說，全球有六十億人口，有十三億的人使用華語，其中有十億就在中國大陸地區，我們臺灣地區也是使用華語，所以就比例來說，選擇以海峽兩岸的現代兒歌來作為研究範圍，是具有代表性的。臺灣除了國語外，還有閩南語、客語、原住民語的方言兒歌，我選擇較多人說的閩南語的兒歌為研究的對象。而世界 60 多億人口中，3.8 億人的母語是英語，這些國家主要包括英國、美國、愛爾蘭、澳大利亞、新西蘭和南非。此外，世界上有大約 2.5 億人的第二語言是英語，10 億人在學英語，20 億人接觸英語。據預測，到 2050 年，世界一半人口的英語將達到熟練程度。（劉燕青，2002）因此這兩種語言的兒歌是為本研究的對象。

第二章文獻探討部分，第一節是探討有關兒歌研究的文獻，在本章整理的表格中選擇三篇文獻《兒歌的韻律研究》、〈兒歌內容分析〉、〈兒歌童謠創作研究〉，第二節為中西兒歌，因為搜尋過的文獻中並沒有實際將中西兒歌比較的文獻，於是探討了《國小英語課本之歌曲教材分析》以及《兒歌的音樂性研究》。雖然不是直接比較中西兒歌，但在其參考文獻中也提供給本研究一些重要的參考書目。

第三節是兒歌與語文教育，探討《兒歌結合字卡教學方案對國小二年級學習障礙兒童認字學習成效之研究》、《以英文兒歌律動實施國小二年級英語補救教學之行動研究》、《故事性兒歌及其在國小語文教學上的應用》這三篇文獻，上述的研究取向都少了異系統的兒歌的對比無法提供更多的資源而對相關的語文教學有「豐富多采」上的助益，不過對於本研究也提供了有用的資源。

第三章為兒歌的界定，第一節是澄清兒歌與童謠之間有何不同，不少的專書都討論到了兒歌與童謠的定義，縱使過去認為兒歌與童謠不盡相同，因為兒歌具有趣味性、音樂性、文學性、淺易性、實用性，和童謠原有的特質是不太一樣的，童謠在古時候是用來諷諫政治，成人教導小孩唸唱而成的，也能反映時代情況。不過我覺得陳正治在《兒歌的理論與賞析》裡的談法很精闢，說《各省童謠集》，雖然標題是童謠集，但是內容都是兒歌；朱介凡的《中國兒歌》，標題雖然是兒歌，裡頭也收錄的有政治性的兒歌，或許應該稱為童謠，所以現在對於兒歌和童謠的界線或許沒那麼清楚。（陳正治，2007：5）第二節探到兒歌的性質，因為兒歌常和童詩、童謠來作比較，於是本研究藉由兒歌與童謠、兒歌與童詩比較，來歸納其性質，也整理一些論者對於兒歌性質的界定，進而整理出兒歌的性質表現在形式、技巧、內涵上，請見表 3-2-3。第三節則為兒歌的功能，周作人等人都為兒歌分類過，不同類型的兒歌有不同的功能，本節借用林仙姝的《故事性兒歌在教學上的研究》中，以功用的不同，將兒歌分成十類（林仙姝，2006），涵蓋性比較足夠。這十類為搖籃歌、遊戲歌、故事歌、滑稽歌、口技歌、娛情歌、知識歌、對口歌、歌辭歌、勸勉歌，每種類型都有它的功用，如搖籃歌是催眠，哄孩子入睡；遊戲歌是提供孩子遊戲時更增加趣味，也可增進孩子之間的感情。

在第三章已整理的兒歌的性質是如何表現在形式、技巧、內涵上，第四章就從形式談起，討論中西兒歌的取材，先將取材分成人事物三大類，每一類再細分三個項目。雖然中西兒歌在每一類都有可以找到相應的作品，討論起細部，可以發覺中西兒歌在敘述方式是很不同的，例如〈外婆橋〉和 Hush Little Baby 的比較，可以發覺在敘述人稱的角度和一貫性很不同。歸納來說，中西兒歌的取材都可分成人、事、物三類，雖然內容相似，但是在敘述形式上卻有明顯的差別，中國是屬於抒情寫實，內感外應；而西方則是屬於敘事寫實，作品中可以看到明顯的邏輯性、詩性的思維和想像力的發揮。第二節是中西兒歌意象運用的比較，創造意象來自於修辭，又表現在象徵和比喻的修辭技巧當中，本節以三組兒歌作對照，中國的是〈虹彩妹妹〉、〈外婆橋〉、〈富士霸王〉，西方的是 Pretty Little Dutch Girl、Hush Little Baby、Row, Row, Row Your Boat，比較整理過後顯示中國長於象徵，西方長於比喻，可參見表 4-2-2。第三節比較中西兒歌的旋律安排，以〈虹彩妹妹〉和 Mary Had a Little Lamb 作對照，再以〈點仔膠〉和 Ten Little Babies 作對照，以這兩組兒歌來比較的話，我們可以歸納：中國兒歌的旋律線較多起伏，節奏變化也較多；而英文兒歌起伏性小，節奏變化少，唱起來旋律會比較平直。也是由於英語的特性只有輕重音，沒有聲調，兒歌唱起來會顯得比較高亢，節奏也會比較快；反觀中國兒歌，因為我們的語音有四聲聲調，每個音不唸完整的話，就沒有辦法像唸英文速度這麼快，而且音符和聲調搭配起來，自然會呈現波浪型的旋律線。第四節比較和樂特徵，以交響樂、抒情樂、熱門樂三者來分類，而這三類是以兒歌的節奏給人的感覺而分。本節是利用尚未入樂，以唸為主的兒歌來作分類，中西各三首，分別是〈小老鼠上燈臺〉、〈五指歌〉、〈一的炒米香〉、Five Little Monkeys、One, Two, Buckle My Shoe、George Porgie，比較之下中西兒歌在和樂特徵上大多屬於抒情樂，乍看之下沒什麼太大的差異，但就審美類型來看的話，卻可以看出來細部的不同。依美感類型來分，兒歌的美感屬於前現代的模象美（周慶華，2007：252），模象美又分成優美、崇高、悲壯。就以上比較的和樂特徵來說，兒歌屬於抒情樂，且兒歌韻文的句式整齊，在美感上屬於優美。優美是指形式的結構和諧、圓滿，可以使人產生純淨的快感。這裡的和樂特徵可以扣合到第二節的中西意象，中國屬於抒情寫實，西方屬於敘事寫實。中國兒歌的聲調，在結尾時，習慣用平聲或上聲（聲調的第二聲和第三聲），不用去聲或入聲結尾，因為去聲或入聲給人斷然結束沒有餘韻無窮感。以平聲或上聲韻結尾，有溫慰人心的功用和盪氣迴腸的效果，猶如氣化觀型文化下的氣的流動；西方的英文兒歌，因為輕重音製造出的強弱分別，多半又以強聲結尾，歌詞內容且屬線性思維，有激勵人心的效應。所以中西兒歌雖然都屬抒情樂，但因為美感類型的不同，仍顯示出了二者的差異。

第五章承接上一章，以美感類型來欣賞中西兒歌，第一節先介紹審美類型，依照時間來區分的話有前現代的模象美、現代的造象美、後現代的語言遊戲美、網路時代的超鏈節美，每種類型都還有細分項目，可以參考表 5-1-1。第二節是欣賞崇高類型的兒歌，在前一節了解的崇高的定義，再從第四章來看，兒歌普遍屬於抒情樂，在美感類型上屬於優美偏多，不過也有一些優美偏向崇高的兒歌，以〈只要我長大〉和 Joy to the World 為代表，這兩首中西兒歌都屬於抒情偏向崇高，形式上有些類似的地方，都有分段，內容情感上都是層層推進，歌詞中的主角都是男性，〈只要我長大〉裡的哥哥爸爸、叔叔伯伯、革命軍人都是男性；Joy to the World 裡的 King 是為 Him，最後一段的開頭是 He，可見男性在中西世界中的優越。除了形式上的不同，細部內容也是有差異的，〈只要我長大〉的哥哥爸爸，是屬於家人部分，是以家庭為單位往外擴展；而 Joy to the World 是歌頌救世主／上帝，這就是文化上的不同。我們的文化強調家庭，強調團體；而西方是個人主義，終極信仰是為上帝，所以雖然同屬優美偏崇高的類型，但是歌頌的對象不同，造成了其間的差異，而文化上表現的不同，會在第六章詳述。第三節為欣賞優美性的兒歌，本研究以中西以動物為主的各三首兒歌來探討，中國的三首兒歌〈白貓黑貓〉、〈蠶寶寶〉、〈鍋牛〉和英文的 Little Bunny Foo Foo, Baa Baa Black Sheep, Three Blind Mice, 這三組雖然同屬優美，在敘述方面卻出現了細部的差異，中國的都是以動物本身去描寫，寫出牠們的動作、顏色、習性，在修辭技巧上；直述法佔了較大部分；反觀英文兒歌，並沒有敘述這些動物的特點，而用到了擬人的手法，並且運用了想像力去製造出人與物的互動，也具有線性思維和邏輯性，可以呼應到第四章第二節意象運用的部分。第四節則是探討兒歌有無基進類型，就是將原有的兒歌再創造或者有別以往既定印象，西方的有〈艾麗絲夢遊奇境〉中公爵夫人唱的催眠歌，中國則有〈古怪歌〉、〈聽我唱個顛倒歌〉，這些基進類型的兒歌都顛覆了原有的邏輯，但在敘述的方式上仍可以看出中西的差異。如在〈艾麗絲夢遊奇境記〉中公爵夫人唱的催眠曲，因為孩子打噴嚏所以要抽他罵他，因為他亂開胡椒罐，所以沒人來愛他理他，有這樣的因果關係，也符合了西方敘事寫實的線性、有邏輯的思維；中國的〈古怪歌〉、〈聽我唱個顛倒歌〉，每一句單獨來看，都是將生活上原本該有的順序顛倒，太陽原本由東方升起，改由西方升起；六月本來是炎熱的天氣，在這裡變成讓人直打哆嗦，整體看來，都是對外在的事物有所感應，而表現出來，再讓其原本的順序顛倒，仍為內感外應的敘述方式。在〈古怪歌〉和〈聽我唱個顛倒歌〉中，都可以看到很多的素材出現在歌詞中，彼此之間並沒有特定的關連性，從太陽寫到雷，再寫到駱駝、石頭、鯉魚……等等，就好像氣的流轉，從這裡流轉到那裡，也是我們氣化觀型文化的反映。

第六章第一節介紹文化類型，全世界大致上可分成三大文化系統：氣化觀型文化、創造觀型文化、緣起觀型文化。大的系統下又有五個次系統，分別是觀念系統、規範系統、表現系統、行動系統，每個次系統的說明可以詳見 6-1-1 表格。兒歌屬於兒童文學，是歸屬在文化次系統中的表現系統。第二節則進入以兒歌來看中西文化背景差異實況，在本節中整理了有關前面幾章所比較出的差異，如以〈小小羊兒要回家〉與 Mary Had a Little Lamb 相比，在敘述人稱、敘述手法、製造意象上都有其差異（可見表 6-2-2）。值得一提的是，在前面比較過動物類的兒歌，在歌詞中可以看到中西的行動系統的差異，中國是強調和諧自然，而西方則有役使萬物之感。第三節是中西文化差異解析，本節是從表現系統裡的兒歌往上去推，除了敘述手法上的不同，還可以看得出行動系統、規範系統、終極信仰的不同，行動系統可在動物類的兒歌看出其差異，規範系統可以從中西的催眠曲看出中國親疏遠近、西方互不侵犯的觀念。終極信仰可以在 Joy to The World 和〈點仔膠〉看到差異，這些不同點或許我們本身沒有感覺，可是在文學作品上卻反映出來（李曉鈺，2009）；有外國研究者指出：Music was a maneifestation of culture and a communication tool in human society. Because it was intextricably associated with language, using music in foreign language teaching was a good way of promoting speaking and of encouraging students' to create mental fantasies. (Jedynak, 2000; Lo, R. S. M., & Li, H.C. F, 1998)

第七章則是將實際研究成果如何帶入日常語文教學，語文課包含了聽、說、讀、寫。聽的部分是無論上任何課就應該培養好的聆聽習慣，讀、說、寫則是更需要安排教學活動來讓學生實際操作並分享。第一節以兩首催眠曲〈外婆橋〉和 Hush Little Baby 來讓學生實際比較、欣賞，使他們了解如何初步的欣賞兒歌，已有初步概念後，還可以將課程加深，再運用到高年級的課堂上。第二節著重在說話表演上，設計的活動以說、唱、讀者劇場的表演，讓學生可以欣賞比較中西兒歌的節奏差異，以〈小老鼠上燈臺〉、〈五指歌〉、One two buckle my shoe, Five Little Monkeys 為例，在學生討論的活動中可以激盪出不同的火花，以實際操作的方式更可以讓他們對於節奏在兒歌裡扮演的角色印象更深刻。第三節是寫作創新教學，課堂上以〈小小羊兒要回家〉、Mary Had a Little lamb 為例，從差異中尋求創新寫作手法，我們原有的文化體制難以改變，在課堂上可以利用實物，並由老師示範創作給學生方向，再讓學生從單句開始練習，進而團體創作；並多用提問的方式來讓學生思考其中的差異。

第二節　未來研究的展望

本研究是為中西兒歌的比較作一個開端，因為在過去較少有比較差異的文獻，除了談論中英兒歌的文體特徵，或者是講述中英文兒歌的修辭。（林武憲，1986；杜榮琛、謝武彰編著，1986；謝武彰，1990；李赫，1991；馬景賢，1997a/1997b；鷲津名都江作，2002）希望本研究可以為學術界提供一個欣賞兒歌的新視野。當然，因為時間心力的限制，所以只能將中西兒歌的比較著重在審美、文化的部分。在第一章提到的研究限制，兒歌傳播方面希望以後有興趣的研究者，能再深入探討，使兒歌研究的面向更加廣闊。再者，在研究裡有提到中西兒歌的敘述手法不同，中國是屬於內感外應的抒情寫實，西方是屬於馳騁想像力的敘事寫實，我相信這樣區分的概念在日常生活的談論中是不常見的，有了這樣的研究比較，希望能將這樣的概念傳播出去，也希望藉由這樣的基礎能提供對於創作兒歌，或者其他文學創作的一個不同的視野。創新可以是成果的延續，或吸收西方的觀念加入我們本身的創作中，還有將中西合併創出一個新體裁。

語文教學是任何學科的基礎（黃瑞枝，1997；王萬清，1999；陳弘昌，2003；周慶華，2007），如在數學科裡要解應用問題，就必須先理解題目敘述，了解題目要求的答案是什麼，才能作出正確的判斷和驗算；學習英語，也需要藉由我們在母語的學習經驗基礎上，和英語的句式作一個比對，讓學生在學習時能夠藉由先備知識和新經驗作連結，使學習更有效率；其他科目如社會、自然等，課本內容也都是文字敘述，如果在理解上出現問題，那就會阻礙學習。因此，在語文的學習上，能夠多一些變化，使孩子學習語文更有興趣；加強了孩子的理解力，相信在其他學科的學習上能夠效果加倍。本研究提供了將中西兒歌比較運用在語文教學上，可以為以後的研究者或者現場教學者開啟新途徑，因為兒歌是學生日常的生活經驗之一，音樂和簡單、有趣的文字可以讓學生提高學習動機，也可讓學習情境更多樣化。也期望以後的研究者也可以提供教學現場有別以往傳統的語文教學，把學習還給學生主體，讓學生自己發現語文的奧妙和文章的美感。

歸納來說，本研究所提供的未來的研究方向有三：（一）兒歌傳播方面研究；（二）藉由本研究所提供中西敘述文體的不同，作為兒歌研究的新方向；（三）希望提供語文教學者新的教學向度，也期望以後研究者可以再提供創新的語文教學活動。

參考文獻

大眾優童教育機構（2010），〈教學名詞小百科——Reader's Theater 讀者劇場〉，網址：http://www.popularkids.com.tw/main/noun_content/27，點閱日期：2010.6.12。

王海山主編（1998），《科學方法百科》，臺北：恩楷。

王夢鷗（1976），《文學概論》，臺北：藝文。

加樂爾（1990），《艾麗絲夢遊奇境記》（趙元任譯），臺北：華香園。

布魯格（1989），《西洋哲學辭典》（項退結編譯），臺北：華香園。

朱介凡（1988），《中國兒歌》，臺北：純文學。

地圖日記（2010），〈兒歌歌詞集〉，網址：http://map.answerbox.net/landmark-539749-bbs-2.htm，點閱日期：2010.5.13。

全球華文網路教育中心（2010），〈幼兒學華語〉，網址：http://edu.ocac.gov.tw/lang/basic/ch_preschoolers/nurseryRhyme/02htm/2-002-c.htm，點閱日期：2010.5.1。

吳當（1987），《兒童文學的天空》，臺東：作者自印。

李赫（1991），《臺灣囝仔歌》，臺北：稻田。

李金青（2009），《兒歌的韻律研究》，臺東大學語文教育研究所碩士論文，未出版，臺東。

李瑞騰（1991），《臺灣文學風貌》，臺北：三民。

李漢偉（1990），《兒童文學講話》，高雄：復文。

李慕如（1998），《兒童文學綜論》，高雄：復文。

李曉鈺（2009），〈論兒歌語言的均衡美及文化淵源〉，《今日科苑》，7，172～173。

沈清松（1986），《解除世界魔咒——科技對文化的衝擊與展望》，臺北：時報。

宋筱蕙（1994），《兒童詩歌的原理與教學》，臺北：五南。

杜榮琛、謝武彰編著（1986），《古典兒歌ㄅㄆㄇ》，臺北：親親。

林文寶（1991），《兒童詩歌研究》，高雄：復文。

林文寶等（1996），《兒童文學》，臺北：五南。
林文寶（2004），《認識兒歌》，臺北：中華民國兒童文學學會。
林仙姝（2006），《故事性兒歌在教學上的研究》，臺南大學語文教育研究所碩士論文，未出版，臺南。
林守為（1988），《兒童文學》，臺北：五南。
林武憲（1986），《我愛ㄅㄆㄇ》，臺北：親親。
林武憲（1989），《兒童文學詩歌選集》，臺北：幼獅。
林淑珍（2003），《兒歌的音樂性》，臺東大學兒童文學研究所碩士論文，未出版，臺東。
林婉瑜（2005），《兒歌結合字卡教學方案對國小二年級學習障礙兒童認字學習成效之研究》，臺北市教育大學身心障礙教育研究所，未出版，臺北。
林燿德（1993），《當代臺灣文學評論大系，文學現象卷》，臺北：正中。
周慶華（2001），《作文指導》，臺北：五南。
周慶華（2004a），《語文研究法》，臺北：洪葉。
周慶華（2004b），《創造性寫作教學》，臺北：萬卷樓。
周慶華（2007），《語文教學方法》，臺北：里仁。
周慶華等（2009），《新詩寫作》，臺東：臺東大學。
音樂欣賞活動教學（2010），〈布拉姆斯搖籃曲〉，網址：http://anan.haec.net/a/7/20/lullbay.htm，點閱日期：2009.12.25。
姚敏（2007），〈中英文兒歌的文體特徵〉，《中國科教創新導刊》，465，139～140。
洪文瓊（1999），《臺灣兒童文學手冊》，臺北：傳文。
洪慧如（2002），〈兒歌內容分析——以臺灣省教育廳發行之大單元活動設計內之兒歌為例〉，《國教學報》，14：43～98。
馬景賢（1997a），《念兒歌學國字》上，臺北：國語日報社。
馬景賢（1997b），《念兒歌學國字》下，臺北：國語日報社。
殷海光（1979），《中國文化的展望》，臺北：活泉。
陳正治（2007），《兒歌的理論與賞析》，臺北：五南。
陳正治（1985），《中國兒歌研究》，臺北：親親。
陳弘昌（2003），《國小語文科教學研究》：臺北：五南。
陳純音主編（2009），*Hello! Darbie! 1*，臺北：康軒。

陳詩昀（2009），〈兒歌歌詞的文化象徵〉，周慶華主編，《語文與語文教育的展望》，臺北：秀威。

陳銘民（2002）《臺灣囝仔歌謠》，臺中：晨星。

陳瀅巧（2006），《圖解文化研究》，臺北：易博士。

國立臺灣師範大學國音學編輯委員會編纂（1982），《國音學》，臺北：正中。

國光國小（2010），〈九年一貫英語學習網〉，網址：http://www.kkes.tc.edu.tw/~english/link.htm，點閱日期：2010.5.9。

國民教育社群網（2010），〈課程綱要〉，網址：http://teach.eje.edu.tw/SIGNet/SIGdoc_out.php?GID=SIG00009&CAT=C0，點閱日期：2010.6.1。

張楊（2009），〈析中文兒歌中「反復」手法的運用〉，《語文學刊》，8，148～149。

許義宗（1995），《方寸兒童文學》，臺北：圓融。

許瑛珍（2004），〈兒歌童謠創作研究〉，《臺北師範學院學報》，17-1：47～58。

莊雅芸編（2007），《我最喜愛的英文童謠》，臺南：世一。

曾雅青編（2006），《我的第一本英文童謠遊戲書》，臺北：三采。

黃永武（1976），《中國詩學：設計篇》，臺北，巨流。

黃朝萍編（2004），《歡唱歌謠學英文》，臺北：小瓢蟲。

黃瑞枝（1997），《說話教材教法》，臺北：五南。

傅大為（1991），《知識與權力的空間——對文化、學術、教育的基進反省》，臺北：桂冠。

傅林統（1990），《兒童文學的思想與技巧》，臺北：富春。

馮輝岳（1982），《童謠探討與賞析》，臺北：國家。

馮輝岳（1989），《兒歌研究》，臺北：商務。

馮輝岳（1998）《臺灣童謠大家唸》，臺北：武陵。

趙雅博（1990），《知識論》，臺北：幼獅。

蔣風（1992），《中國傳統兒歌選》，臺北：富春。

蔡尚志（1982），〈兒童歌謠與兒童詩研究〉，《嘉義學報》，12：13～15。

黎老師中文教室（2010），〈修辭篇〉，網址：http://home.stlouis.edu.hk/~artlai/rhetoric.htm，點閱日期：2010.4.5.。

鄭光中（1988），《幼兒文學 ABC》，四川：四川少年兒童。

維基百科（2010），〈節奏〉，網址：http://zh.wikipedia.org/zh-tw/Wikipedia，點閱日期：2010.4.20。
劉貞儀（2006），《國小英語課本的歌曲教材分析》（*Analysis of the Songs in Elementary School English Textbooks*），南臺科技大學應用英語研究所碩士論文，未出版，臺南。
劉燕青（2002），〈英語霸權〉，《網路社會學通訊》，網址：http://www.nhu.edu.tw/~society/e-j/27/social/27-12.htm，點閱日期：2009.11.20。
臺中女中 GIS 暨旅遊中心（2010），〈英語特性〉，網址：http://gisc.tcgs.tc.edu.tw/fram.htm/Frameset.htm，點閱日期：2010.4.30。
臺灣節慶（2010），〈春聯〉，網址：http://www.gio.gov.tw/info/festival_c/html/slogans1.htm，點閱日期：2010.7.1。
謝武彰（1990），《唸唸兒歌認認字》，臺北：東華。
簡上仁（1983），《臺灣民謠》，臺灣省政府新聞處。
戴晨志（1998），《風趣高手》，臺北：時報。
魔鏡歌詞網（2010），〈兒歌歌詞〉，網址：http://mojim.com/tw100614x10.htm，點閱日期：2010.4.1。
鷲津名都江作（2002），《鵝媽媽童謠，漫步英國童謠的世界》，臺北：臺灣麥克。
Abrams, M.H (1992), *A Glossary of Literary Terms.* Seventh Edition. Fort Worth,Philadelphia : Harcourt Brace College Publisher.
Albertcht, L (2003), *Music and children. Ready to Sicceed,*2(5), 1-2. University of California Cooperative Extension.
Dixon, B (1991), Learning by singing. *Eric Digest,*〔ED356939〕.
Jedynak, M (2000), Using music in the classroom. *English Teaching Forum,* 38(4), 30.
Lo, R. S. M., & Li, H.C. F (1998), Songs enhance learner involvement, *English Teaching Forum,* 36(3).
Lewis, C.D (1984), *The Poetic Image: The Creative Power of Visual Word,* Los Angeles: Jeremy P. Tarcher, Inc.
Lullabies from the cradle (2010), Hush Little Baby，網址：http://lullabiesofeurope.wetpaint.com/page/Lullabies+(English)，點閱日期：2010.4.27。
Murphy, T (1992), *Music & song*, London, Oxford: Oxford University Press.

Nursery Rhymes (2010), Mary Had a Little Lamb，網址：http://www.smart-central.com/，點閱日期：2010.6.9。

Pearl, J (2001), *Music & language: Parallels & divergences,* UCSB Department of Music and Center of the Interdisciplinary Study of Music

Sing Along Midis and Lyrics for NIEHS Kids' Pages (2010), Five Little Monkeys，網址：http://kids.niehs.nih.gov/musicchild.htm，點閱日期：2010.4.27。

Steinhoff, N. (2003), Music Strickes Chord with Students Retrieved January 6, 2006，網址：http://www1.usu.edu./utahstatetoday/arhives/august2003/08-08-03/feature-08-08-03.cfm，點閱日期：2010.4.30。

Vaneechoutte. M. & Skoyles,J (1998). The memetic origin of language: Modern humans as musical primates, *Journal of Memetics Evoluationary Models of Information Transmissi,* 2(2), 129-168.

社會科學類　PF0088　東大學術 32

中西兒歌的比較
及其在語文教學上的運用

作　　者 / 陳詩昀
責任編輯 / 林泰宏
圖文排版 / 楊家齊
封面設計 / 王嵩賀

發 行 人 / 宋政坤
法律顧問 / 毛國樑　律師
印製出版 / 秀威資訊科技股份有限公司
114 台北市內湖區瑞光路 76 巷 65 號 1 樓
電話：+886-2-2796-3638　傳真：+886-2-2796-1377
http://www.showwe.com.tw
劃撥帳號 / 19563868　戶名：秀威資訊科技股份有限公司
讀者服務信箱：service@showwe.com.tw
展售門市 / 國家書店（松江門市）
104 台北市中山區松江路 209 號 1 樓
電話：+886-2-2518-0207　傳真：+886-2-2518-0778
網路訂購 / 秀威網路書店：http://www.bodbooks.com.tw
國家網路書店：http://www.govbooks.com.tw
圖書經銷 / 紅螞蟻圖書有限公司
114 台北市內湖區舊宗路二段 121 巷 28、32 號 4 樓
電話：+886-2-2795-3656　傳真：+886-2-2795-4100

2012 年 6 月 BOD 一版
定價：250 元

國家圖書館出版品預行編目

中西兒歌的比較及其在語文教學上的運用 / 陳詩昀著.
-- 一版. -- 臺北市 : 秀威資訊科技, 2012. 06
面 ; 公分. -- (社會科學類 ; PF0088)
(東大學術 ; 32)
BOD 版
ISBN 978-986-221-957-7(平裝)

1. 語文教學 2. 兒歌 3. 比較研究 4. 小學教學

523.31 101006577

讀者回函卡

感謝您購買本書，為提升服務品質，請填妥以下資料，將讀者回函卡直接寄回或傳真本公司，收到您的寶貴意見後，我們會收藏記錄及檢討，謝謝！

如您需要了解本公司最新出版書目、購書優惠或企劃活動，歡迎您上網查詢或下載相關資料：http:// www.showwe.com.tw

您購買的書名：＿＿＿＿＿＿＿＿＿＿＿＿＿＿＿＿＿＿＿＿

出生日期：＿＿＿＿年＿＿＿＿月＿＿＿＿日

學歷：□高中（含）以下　□大專　□研究所（含）以上

職業：□製造業　□金融業　□資訊業　□軍警　□傳播業　□自由業
□服務業　□公務員　□教職　□學生　□家管　□其它＿＿＿

購書地點：□網路書店　□實體書店　□書展　□郵購　□贈閱　□其他

您從何得知本書的消息？

□網路書店　□實體書店　□網路搜尋　□電子報　□書訊　□雜誌
□傳播媒體　□親友推薦　□網站推薦　□部落格　□其他＿＿＿＿＿

您對本書的評價：（請填代號　1.非常滿意　2.滿意　3.尚可　4.再改進）

封面設計＿＿　版面編排＿＿　內容＿＿　文／譯筆＿＿　價格＿＿

讀完書後您覺得：

□很有收穫　□有收穫　□收穫不多　□沒收穫

對我們的建議：＿＿＿＿＿＿＿＿＿＿＿＿＿＿＿＿＿＿＿＿

＿＿＿＿＿＿＿＿＿＿＿＿＿＿＿＿＿＿＿＿＿＿＿＿＿＿

＿＿＿＿＿＿＿＿＿＿＿＿＿＿＿＿＿＿＿＿＿＿＿＿＿＿

＿＿＿＿＿＿＿＿＿＿＿＿＿＿＿＿＿＿＿＿＿＿＿＿＿＿

請貼
郵票

11466
台北市內湖區瑞光路 76 巷 65 號 1 樓

秀威資訊科技股份有限公司 收

BOD 數位出版事業部

....

（請沿線對折寄回，謝謝！）

姓　名：＿＿＿＿＿＿＿＿＿＿ 年齡：＿＿＿＿ 性別：□女 □男

郵遞區號：□□□□□

地　址：＿＿＿＿＿＿＿＿＿＿＿＿＿＿＿＿＿＿＿＿＿＿＿＿

聯絡電話：(日)＿＿＿＿＿＿＿＿＿＿ (夜)＿＿＿＿＿＿＿＿＿＿

E-mail：＿＿＿＿＿＿＿＿＿＿＿＿＿＿＿＿＿＿＿＿＿＿＿＿